我国发达城市体育健身消费结构研究

——以京津沪三城市为例

杨晓晨 著

北京体育大学出版社

策划编辑：赵海宁
责任编辑：赵海宁
责任校对：孙运娟
版式设计：杨　俊

图书在版编目（CIP）数据

我国发达城市体育健身消费结构研究：以京津沪三城市为例 / 杨晓晨著. -- 北京：北京体育大学出版社，2021.4
ISBN 978-7-5644-3406-9

Ⅰ. ①我… Ⅱ. ①杨… Ⅲ. ①城市－体育消费－消费结构－研究－中国 Ⅳ. ①G80-052

中国版本图书馆CIP数据核字(2020)第252317号

我国发达城市体育健身消费结构研究
WOGUO FADA CHENGSHI TIYU JIANSHEN XIAOFEI JIEGOU YANJIU
杨晓晨　著

出版发行：北京体育大学出版社
地　　址：北京市海淀区农大南路1号院2号楼2层办公B-212
邮　　编：100084
网　　址：http：//cbs.bsu.edu.cn
发 行 部：010-62989320
邮 购 部：北京体育大学出版社读者服务部 010-62989432
印　　刷：北京建宏印刷有限公司
开　　本：710mm × 1000mm　1/16
成品尺寸：170mm × 240mm
印　　张：10.25
字　　数：163千字
版　　次：2021年4月第1版
印　　次：2021年4月第1次印刷
定　　价：58.00元

前 言

京津沪三城市已从生存型阶段进入发展型阶段，促进人的全面发展成为三城市现阶段的重要发展目标，这有利于扩大体育健身消费和有效供给。本书运用文献资料、问卷调查、访谈和数理统计法，研究了京津沪三城市体育健身消费结构特征以及年龄、学历、职业、收入、闲暇时间、运动能力、家庭生命周期对体育健身消费结构的影响，并提供了有效供给的措施。

本书得出的主要结论如下：①尽管京津沪三城市体育健身服务性消费增长较快，但实物性消费仍然大于服务性消费，与三城市的经济发展水平和产业结构变动不相符合，与发达国家较为合理的体育健身消费结构也有差距。②中年群体、高学历群体、职业稳定群体以及家庭负担较轻的群体是体育健身实物性消费和服务性消费的主要群体。③年龄、学历、职业、收入、运动能力和家庭生命周期对体育健身实物性消费和服务性消费产生影响；闲暇时间对体育健身实物性消费没有影响，但对居民体育健身服务性消费有着重要影响。④人均可支配收入增长显著促进了体育健身服务性消费的增长，消费价格指数上涨显著抑制了体育健身服务性消费的增长；抑制价格指数比增加可支配收入更能够有效促进体育健身服务性消费，扩大消费支出比增加可支配收入更能够有效促进体育健身服务性消费。

通过研究，本书提出如下建议：①根据京津沪三城市体育健身消费结构及主要消费群体的特点，市场应充分发挥作为供给主体的作用。中等收入群体是体育健身产品和服务的主要消费群体，“十三五”规划中明确提出“十三五”时期将扩大中等收入群体比重，因此，体育企业应将京津沪三城市中等收入群体作为市场供给的主要对象。②政府应通过制定相关政策措施，鼓励社会力量采取多种经营方式，盘活现有体育场馆资源；吸引社会资本兴建多功能且便利的小型体育场馆，以满足居民不断增长和变化的体育健身需求。③针对不同年龄群体所拥有的闲暇时间，互联网和新媒体应充分发挥作用，为中年群体、高学历群体提供个性化、多样化的体育健身服务性产品。④体育用品企业应通过研发功能性强、科技含量高的个性化、中高端的体育健身用品实现产品升级，体育健身服务性企业应通过精细化管理、产品差异化、扩大企业规模等措施打造三城市体育健身品牌企业。⑤尽快建立规范的体育健身行业协会，通过制定行业标准，建立健全质量管理服务体系，为消费者提供满意的体育健身服务产品。此外，地方政府应根据体育健身行业的特点，加大立法和执法的力度，发挥监管作用，使体育用品业和体育健身业健康、良性发展。

由于水平有限，本书难免有疏忽和欠妥之处，敬请批评指正。

目 录 Contents

1　导　论

1.1　研究背景

《国务院关于加快发展体育产业促进体育消费的若干意见》中明确提出：到2025年，经常参加体育锻炼的人数达到5亿；体育产品和服务层次更加多样，供给充足；市场机制不断完善，消费需求愈加旺盛；形成投资健康的消费理念和充满活力的体育消费市场，人均体育消费支出明显提高；体育产业总规模超过5万亿元。国务院办公厅印发《关于加快发展生活性服务业促进消费结构升级的指导意见》，指出，要大力发展体育服务业，大力推动群众体育与竞技体育协同发展，促进体育市场繁荣有序，加速形成门类齐全、结构合理的体育服务体系。

实现体育产业可持续发展的关键在于有一个稳定的、不断发展的体育消费市场。体育健身消费不仅是提高国民身体素质的系统工程，更是满足体验时代下讲究效用的娱乐性消费和促进产业发展壮大的经济性行为。面对中国整体消费率较低的情况，如何通过体育健身供给、产品结构与市场结构调整，实现体育健身消费水平提升和结构优化，进而提高我国居民消费率，不仅是一个经济问题，也是一个带有社会进步意义的战略性问题。

消费结构不仅反映居民的消费内容、消费水平和消费质量以及居民消费需要满足的程度，也反映社会生产目的实现程度、各项经济政策正确与否以及正确程度。研究居民消费结构，对了解居民的消费行为、研究产业结构的变化乃至社会的消费水平、社会消费变动趋势以及经济发展趋势都有非常重要的作用。[1]当前扩大体育健身消费需求，提高体育健身产品和服务的有效供给的背景和面临的机遇主要表现在以下几点。

1.1.1 经济新常态：体育健身消费成为新的战略性增长点

国内生产总值（Gross Domestic Product，GDP）增速从2012年起开始回落，中国经济呈现新常态，从高速增长转为中高速增长，经济结构优化升级，从要素驱动、投资驱动转向创新驱动。伴随人均GDP和居民收入的提高以及消费结构升级，作为现代服务业重要内容的体育健身产业迎来巨大的发展机遇。从经济转型与消费能力提升方面来看，体育健身产业契合了我国调整经济结构、拉动内需、发展第三产业的发展方向；随着居民收入水平提升，居民消费逐渐从基本消费、功能消费过渡至健康消费、体验消费，从而促进体育健身消费需求的有效释放。体育健身产业具有产业链条长的优势，与科技、旅游、餐饮、文化、卫生、教育等第三产业能够形成强力互动，还能带动纺织服装、装备制造等加工制造业的发展，形成强大的辐射效应。作为绿色低碳产业，发展体育健身产业，促进体育健身消费符合我国产业结构优化的方向。

1.1.2 全民健身国家战略：体育健身消费迎来战略机遇期

2014年10月，国务院首次颁布针对发展体育产业促进体育消费的文件，以破解制约我国体育产业发展的体制性障碍为着力点，进一步明确了体育产业在国民经济中的重要地位。文件要求营造重视体育、支持体育、参与体育的社会氛围，将全民健身上升为国家战略，把体育产业作为绿色产业、朝阳产业培育扶持，破除行业壁垒、扫清政策障碍，形成有利于体育产业快速发展的政策体系。随着我国改革红利的进一步释放、经济结构的战略性调整、全民健身国家战略的逐步实施，社会经济的发展和人民生活水平的不断提高，多层次、多元化的体育健身消费需求日益增多，体育健身消费方式从实物性消费向服务性消费扩展，体育健身产业作为国民经济转型升级的重要力量，将迎来前所未有的发展机遇。我国还将筹办2022年冬季奥运会、2022年亚洲运动会等大型体育赛事，为进一步促进体育健身消费，推动体育健身产业发展提供了重要契机。

1.1.3 政策组合支持：体育消费和体育产业政策保障日益完善

经过近30年的发展，居民体育健身消费意识明显增强，消费需求意愿和层次大幅提升。相比之下，体育健身产业经过十余年的迅速扩张后，其供给能力却和消费群体的需求不相匹配。为了刺激体育健身消费，扩大体育健身供给，2010—2014年，国家相继出台了一系列促进体育健身消费、完善体育健身市场、扩大体育健身产品供给的政策措施。在一系列政策措施中，明确提出“大力发展体育健身市场，培养群众体育健身意识，引导大众体育消费”“合理引导高收入群体的体育消费行为，积极扩大中低收入群体的体育消费需求”“鼓励发展健康体检、健康咨询、健康文化、健康旅游、体育健身等多样化健康服务，重点培育健身等体育服务业”，特别是将全民健身上升为国家战略，凸显出体育健身产业在国民经济发展中的重要意义。

1.1.4 供给侧改革：助推体育健身产品和服务的有效供给

从“三驾马车”到“供给侧改革”，这种话语变化勾勒出中国经济的演变。消费在国民经济中所占比重越来越大，对供给侧的要求越来越高，在倒逼压力之下，“供给侧改革”的效果直接关系到中国经济转型是否能够平稳落地。尽管体育健身服务消费需求增长势头迅猛，但我国体育健身市场仍处在发展的初级阶段，体育产业中与体育健身相关的实物性产品供给仍占整个体育产业的70%以上。

随着收入水平的提高和生活质量的改善，城乡居民对体育健身场所、体育技能培训和参与体育健身活动与比赛等服务性产品的消费需求显著增加，并且更趋于个性化、专业化和高层次化。但是，目前我国体育健身服务产品供给不足、内部结构不平衡的矛盾仍很突出，体育健身服务产品的规模、种类和质量难以满足居民的消费需求，体育健身产品有效供给的体制、机制尚不完善。多层次、多元化的体育健身消费需求对更加灵活有效的市场供给机制提出了迫切的要求。

1.2 研究意义

1.2.1 理论意义

改革开放以来，我国经济快速发展，人民生活水平不断提高，我国已经从生存型阶段进入发展型阶段。发展型阶段的主要目标是不断提高居民的生活质量，促进人的全面发展。随着消费结构的升级，居民闲暇时间的增多，观念意识的转变，居民体育健身意识不断增强，全民健身运动深入人心，体育健身消费已经成为我国城市居民生活性消费的重要组成部分。

北京、上海、天津等城市作为我国率先进入小康社会的经济发达城市，除了政府提供公共体育产品和服务满足居民基本体育需求之外，通过市场购买中高端的体育产品和服务也成为相当一部分人的选择。实践的发展促使研究者开始更多地关注体育健身消费的理论与实践问题。

目前国内有关体育健身消费结构的研究尚存在一些不足：研究方法以定性为主，定量研究少，数据处理往往采用频数分析方法，数理统计方法少，难以把握各影响因素之间的关系；研究视角比较单一，主要关注了人口因素，在经济因素中仅仅涉及了收入的影响，而对其他因素关注不够；对发达城市或地区体育健身消费结构特征的研究不够深入。针对目前国内研究的不足，本研究以京津沪三个发达城市为分析蓝本，关注人口、经济、社会等因素对体育健身消费结构的影响，归纳发达城市体育健身消费结构特征，在此基础上提出优化发达城市体育健身消费结构，改善体育健身产品与服务供给的基本思路，对丰富体育健身消费理论具有一定的理论意义。

1.2.2 现实意义

体育健身消费和经济发展水平密切相关。相对于不发达地区，发达城市的经济条件、人口素质、市场环境和文化氛围更有利于体育健身市场规模的扩大和层次的提升。因此，研究发达城市体育健身消费结构特征与影响因素，针对消费需求发展趋势调整体育健身产品结构，不仅对提升发达城市体育健身消费水平，完善体育健身消费市场，优化体育健身消费结构有现实意义，而且对带动周边地区乃至全国体育事业和体育产业的发展，提高国民综合素质具有重要的社会价值和现实意义。

1.3 研究思路

本研究以北京市、天津市、上海市常住居民的体育健身消费结构为研究对象，综合运用文献资料、问卷调查、专家访谈、数理统计等研究方法，对上述三个发达城市体育健身消费结构及其特点进行较为系统的分析。

首先，分析京津沪三城市体育健身消费结构的经济环境、社会环境、市场环境和制度环境；其次，客观描述京津沪三城市体育健身实物性消费与服务性消费的特征以及不同年龄、学历、职业、收入、闲暇时间、运动能力和家庭生命周期等群体的消费差异；再次，归纳京津沪三城市体育健身实物性消费和服务性消费主要特征及基本变动趋势；最后，以消费结构分析结果及变动趋势为导向提出面向京津沪体育健身供给的优化策略。本研究的基本思路如图1-3-1所示。

1.4 创新点和不足

1.4.1 创新点

（1）研究视角的创新。伴随着我国经济的快速发展和人均收入水平的提高，民众对生活质量的要求也不断提高，体育健身需求日益增长。满足民众体育健身需求的供给主体主要是政府和市场。政府提供公共体育产品和服务的目的是满足民众的基本体育需求，而且是覆盖全社会的，以往这方面的研究较多。而市场和企业提供的有偿体育健身产品和服务，目的是满足民众日益变化的多层次和多元化的体育健身需求。由于体育健身消费结构的升级与经济发展水平密切相关，而且我国幅员辽阔，各地经济发展水平不尽相同，民众多层次和多元化的体育健身需求在发达城市表现得更为明显。因此，本研究从北京、上海、天津为代表的发达城市的视角出发，重点研究发

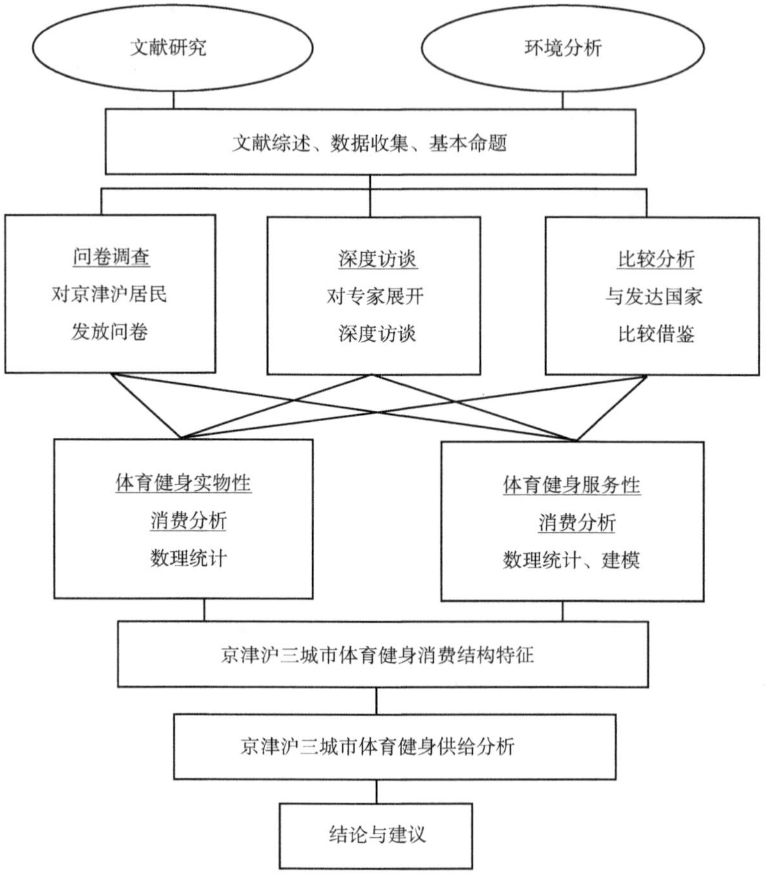

图1-3-1 研究思路

达城市中不同群体的体育健身消费问题，这不仅有利于三城市体育健身资源的合理配置，而且有利于三城市体育健身市场和企业的成熟和发展。

（2）研究方法的创新。本研究借助计量经济学的工具和方法，定量分析了京津沪三城市人均可支配收入、价格指数、人均消费支出与教育娱乐价格指数对体育健身服务性消费的影响，在一定程度上丰富了体育健身消费定量研究的成果。

（3）研究内容的创新。一是明确了京津沪三个发达城市体育健身产品和服务的供给主体、供给客体、供给内容和监管主体，提出三城市体育健身供给的基本发展思路。二是将运动能力、家庭生命周期对体育健身消费的影响纳入考察的范围，在一定程度上弥补了以往研究对这两个因素分析的不足。

1.4.2 不足

（1）研究样本和问卷设计的局限性。限于时间和经费，并考虑北京和天津距离较近，因此，本研究以北京、上海、天津三个发达城市为调研对象，问卷设计更多的考虑了影响体育健身消费需求的人口因素、社会因素和家庭因素，而对经济因素和体育健身供给因素考虑不足。笔者在后续研究中将对这些问题加以修正，以增强研究结论的普适性和全面性。

（2）体育对健身消费结构隐含的深层次问题研究不足。三城市体育健身消费结构隐含的深层次问题尚待挖掘，特别是从体育健身消费结构反映出的供给方面的问题需要给予充分认识，以便明晰三城市中政府、市场、企业在体育健身产品和服务供给中的具体职能和作用。这也是笔者后续研究的重点。

2 文献综述

2.1 国外研究成果综述

以“sport+demand”“sport+expenditure”和“sport+consumption”为篇名检索词，在Springer Link全文数据库和EBSCO外文期刊数据库进行检索，尚未发现直接讨论体育消费结构的文献，但是相关的讨论并不少，主要集中在影响体育消费需求的各种因素。

2.1.1 影响体育健身消费需求的人口因素

20世纪90年代初，国外很多学者就关注了人口因素对体育健身消费的影响。早期学者的研究主要集中在性别、年龄等变量方面，如兰姆（Lamb）等人、古盖（Gouguet）、奥尔（Ohl）、塔克斯等人（Taks., et al.）认为男性体育健身消费水平高于女性，而关于体育健身消费水平与年龄关系，不同学者研究结果并不一致。兰姆等人认为年轻群体体育健身消费水平更高，欧加（Oga）则认为体育健身消费水平与年龄正相关，即年龄越高，体育健身水平越高，但古盖的研究结果显示体育健身消费水平在中年组出现了峰值。后来的一些研究者开始关注职业、受教育程度等变量对体育健身消费的影响，如代博尔德（Desbordes）、安德烈夫（Andreff），还有英国内阁办公厅的研究结果显示，不熟练或半熟练的手工工人和低教育群体与体育健身消费负相关，然而塔克斯等人、盖尔布等人（Gable., et al.）的研究结果却认为体育健身消费水平与受教育程度具有正相关的关系。后期学者的研究则综合考虑了年龄、性别、民族（种族）、收入、教育程度、职业和社会地位对体育健身消费的影响，但大致都得出相似的结论。如克里斯托夫·布鲁尔等人（Christoph Breuer., et al.）的研究表明，年龄、性别、民族/种族、收入、教育程度、职业和社会地位是影响体育健身消费的主要因素；男性比女性在体育健身消费方面花费更多，受教育程度对体育健身消费有积极影响；年龄与体育健身消费负相关，即随着年龄的增长，男性和女性的体育健身消费水平均有所下降。

2.1.2 影响体育健身消费需求的经济因素

大量研究者关注了收入、价格弹性、替代效应等经济因素对体育健身消费的影响。研究者很早就关注了收入对体育健身消费的影响，但研究结果存在差异。例如，米琼等人（Michon., et al.）、佩德罗萨（Pedrosa）、维拉尔巴（Villalba）的研究显示，体育健身产品属于奢侈品，尽管有时体育健身消费与收入不存在线性关系，但总体而言，体育健身消费水平与收入正相关。费曼多（Femando）运用有序Probit模型，利用西班牙纳瓦拉地区700名受访者问卷调查的数据探讨了收入对体育健身消费与体育健身参与模式的影响，结果显示收入并不是影响居民体育健身消费的主要因素，而克里斯托夫等人（Christoph., et al.）的研究表明，收入对体育健身消费有积极影响。

娜娜·夸梅·阿诺基等人（Nana Kwame Anokye., et al.）以伦敦西部布鲁内尔大学60名成年人为调查样本，研究了价格弹性对体育健身需求的影响。研究者通过访谈方式收集了体育健身行为、金钱（时间价格）与体育健身感知效果、社会经济（人口学方面）的数据。结果表明，有78%的被调查者参与了体育健身运动，他们平均每月花费27英镑用于体育健身消费，平均每次体育健身花费20分钟的旅行时间。体育健身需求与旅行时间和可变价格负相关，与固定价格正相关。在达到英国政府推荐的体育健身参与水平以后，居民体育健身需求缺乏价格弹性，时间价格弹性为-2.2。

此外，还有学者分析了替代效应对体育健身行为和消费的影响。如克里斯蒂娜·穆尼兹等人（Cristina Muñiz., et al.）探讨了与体育健身活动具有替代作用的其他活动对体育健身运动参与以及体育健身消费的影响。该研究依据时间分配的新古典经济学理论，以美国国家统计局（Census

Bureau）2002—2003年的数据，分析了人们面临参与文化休闲活动并消费还是参与体育健身活动并消费决策时的影响因素。研究表明，对两种活动的需求程度及其替代弹性是影响人们选择的主要因素，而且男性和女性在决策时表现出不同的行为方式。

2.1.3 影响体育健身消费需求的社会因素

还有学者研究了余暇时间、家庭规模、地域差异等社会因素对体育健身消费的影响。如费曼多（2007年）对西班牙纳瓦拉地区700名受访者问卷调查的数据表明，余暇时间是影响居民体育健身参与率和体育健身消费的关键因素。国外学者很早就关注了家庭因素对体育健身消费的影响。如塔克斯等人（1999年）研究显示，拥有更多孩子的家庭的体育健身消费支出水平更高，但格拉顿（Gratton）研究认为二者之间不存在联系。简等人（Jane., et al.）基于德国家庭的数据，从时间约束的视角探讨了家庭结构对体育健身参与的影响，不同的家庭结构中，照顾儿童与陪伴亲人的时间不同，时间约束降低了人们参与体育健身及消费的可能性。提姆·帕洛夫斯基等人（Tim Pawlowski., et al.）研究了德国家庭体育健身消费的决定因素，认为体育健身消费与社会人口学变量（户主的年龄、有无子女、种族，父母教育水平、家庭规模）和经济变量（收入）有关。埃里克·蒂博等人（Erik Thibaut., et al.）的研究认为，拥有更高收入的家庭体育健身消费支出水平更高；父母受教育程度越高，体育健身消费水平越高；父母在青年时期参与体育运动，体育健身消费水平越高；家庭参与体育运动越频繁，体育健身消费水平越高；父母参与体育健身组织，体育健身消费水平越高；拥有6岁以下儿童的家庭，体育健身消费水平较低；家庭规模与体育健身消费水平负相关，即家庭规模越大，体育健身消费水平越低；是否单亲、家庭所在地域（农村还是城市）以及家庭户主的年龄对体育健身消费水平没有显著影响。但佩德罗萨的研究显示，城市家庭的体育健身消费高于农村家庭。

2.1.4 体育健身条件对体育消费需求影响

桑德琳·波普等人对11715名德国慕尼黑市民的体育活动参与率和影响

其参与体育活动的因素进行了调查。结果表明，市民体育运动参与率和运动频率除受到性别、年龄、种族等社会人口学因素的影响以及时间和收入的约束以外，体育设施的可用性、地理位置和类型，体育协会的数量也是影响市民参与体育健身活动和消费的影响因素。

2.2 国内研究成果综述

近年来，随着我国社会经济的发展和人民生活水平的提高，居民消费结构发生了很大变化，特别是大中城市，体育健身消费在消费结构中的比重不断增加。实践的发展促使研究者开始更多地关注体育健身消费的理论与实证问题。目前国内关于体育消费及结构的专著较少，但在体育产业、体育经济学等的著作中涉及体育健身消费的内容则较多。本研究对文献的梳理除了来自相关著作外，还来自中国知网的核心期刊论文和学位论文。

2.2.1 文献检索情况

以"健身"并含"消费"为篇名在中国期刊网全文数据库中对近20年相关文献进行搜索，共获得文献353篇，期刊论文189篇，经过筛选与本研究内容相关的核心期刊论文46篇、学位论文17篇，其中博士学位论文1篇，硕士学位论文16篇。以"健身"并含"需求"为篇名在中国期刊网全文数据库中进行搜索，共获得文献218篇、期刊论文103篇，经过筛选与本研究内容相关的核心期刊论文13篇、硕士学位论文8篇。以"健身"并含"供需"+"健身"并含"供求"共获得文献8篇，其中核心期刊论文7篇，硕士学位论文1篇。可见，仅从论文数量而言，虽然近年来国内关于体育健身消费需求的文献数量较多，但核心期刊论文和学位论文比较少，核心期刊和学位论文共计92篇。

具体分析上述文献，可以发现，第一，从发表时间来看，86篇文献全部发表于2000年之后。其中，2007—2012年发表的文献数量相对较多，每年不低于9篇（图2-2-1）。第二，从研究方法来看，其中84篇文献运用了问卷调查、实地考察等方法，对某地区居民或某一群体的体育健身消费需求情况进行调查分析，并有少量文献运用数理统计方法，对变量间关系进行了方差分析和相关分析。第三，从研究对象来看，有90篇文献关注了城镇居民的体育健身消费需求，占文献总量的98%，另外2篇文献关注了农村居民的体育健身消费需求。在城镇居民体育健身消费需求的研究中，有29篇文献（占城镇居民文献的32.2%）以某一特定群体为研究对象，其中对女性群体的研究文献16篇，对大学生群体的研究文献5篇，对老年群体的研究文献5篇，对中产阶层的研究文献2篇，对弱势群体的研究文献1篇（图2-2-2）。第四，从研究地域来看，以具体城市为研究地域的文献48篇，占体育健身消费实证研究文献总量的57.1%。根据本研究对发达城市的界定，以发达城市为研究地域的文献29篇，占体育健身消费实证研究文献总量的34.5%，其中北京、广州是研究较多的城市，分别有9、6篇文献，其他地区研究文献数量较少，均不高于3篇。另外，还有36篇文献是省（自治区）为研究地域的，为本研究提供了丰富的参考资料（图2-2-3）。

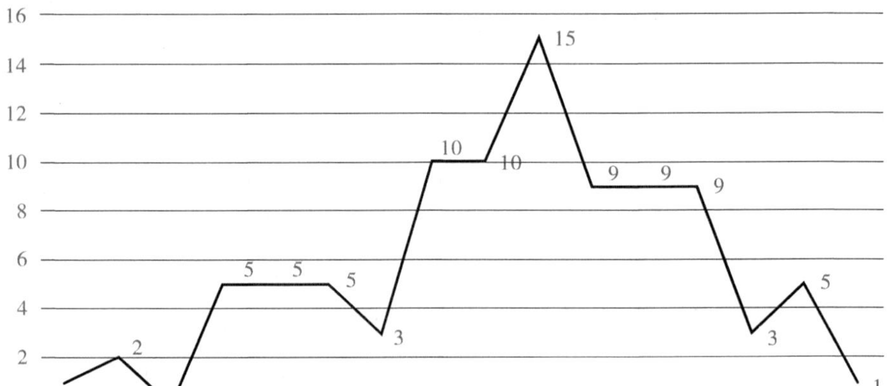

图2-2-1　国内体育健身消费需求文献发表情况

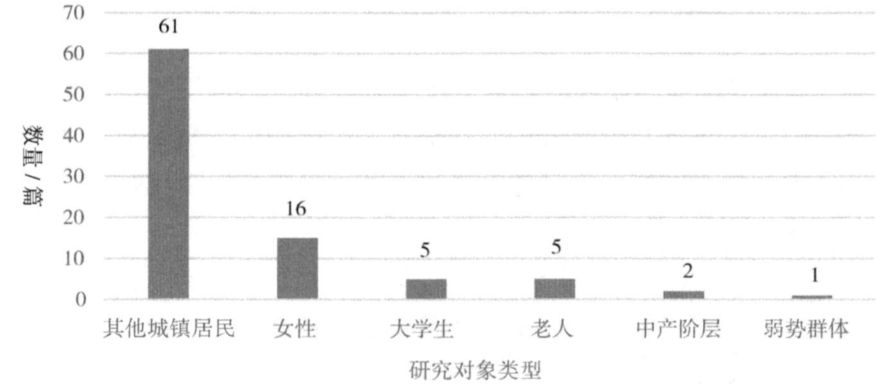

图2-2-2 城镇居民体育健身消费需求文献研究对象类型分布

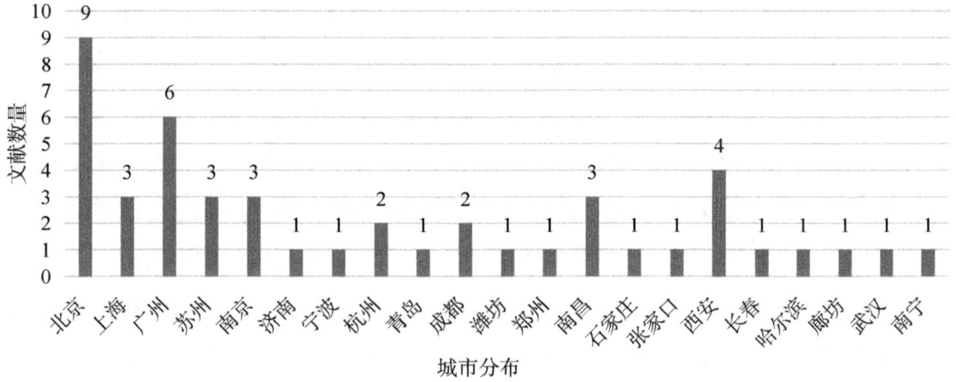

（1）

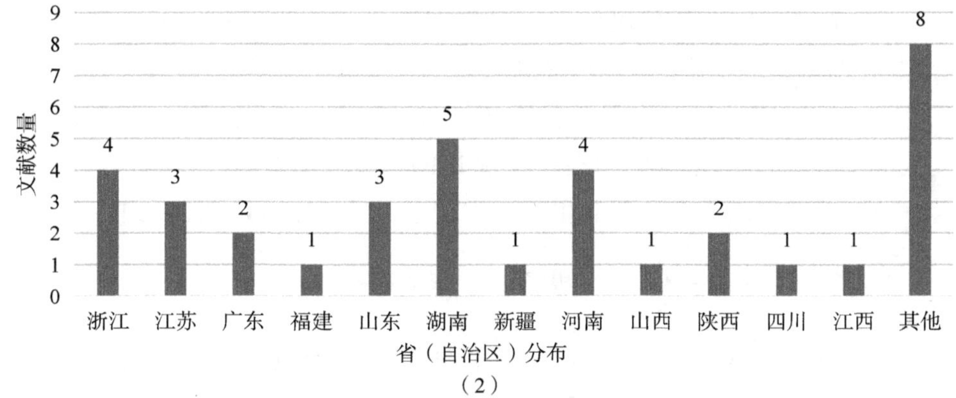

（2）

图2-2-3 体育健身消费需求文献研究地域分布

2.2.2 体育健身消费需求现状的研究

对体育健身消费需求现状的研究主要是从社会学的视角，对某地区居民或某一群体体育健身消费意识、动机、项目类型、消费水平与结构的调查研究。数据收集主要采用问卷调查法，数据处理主要采用描述性统计分析，以频数分析和多维频数分析方法为主。

张琳调查了国内8个不同经济发展水平的城市的体育健身消费情况，结果显示，我国城市居民体育健身消费意识处于较低水平，健身消费支出在居民文化消费支出中排在书报刊、旅游、电影之后，处于第4位；东西部城市健身消费支出金额存在显著差异。黄梅、兰兰利用动态数据分析了健身俱乐部会员健身目的和健身项目需求的变化，结果显示，健身目的由追求改善体型转向追求健康与情感，健身项目需求由相对集中转向多样化与个性化。毛伟民的调查显示，健身场所女性经常消费的健身项目主要是瑜伽、综合有氧、动感单车、普拉提、跑步、搏击操等，大多数女性每周健身3次以下，每次2小时以内，消费方式以购买年卡居多。张强峰调查了湖南省幼儿园女教师体育健身消费情况，认为该群体健身消费意识淡薄，健身消费少，以实物型个人体育用品为主。刘申申的调查结果显示，廊坊市健身俱乐部消费者的体育健身消费水平高于家庭休闲娱乐、医疗保健、金融投资和文化学习等其他非基本消费支出。体育健身消费结构中，健身服装、运动饮料等实物型消费比例较大，健身卡和培训支出次之。韦广忠等对全国9个城市的社区居民体育健身消费需求的调查显示，居民健身消费观念与收入成正比例关系，居民整体健身消费水平较低，健身消费意识不强，大多数城市居民对有偿健身服务持考虑态度，希望社区提供无偿服务或低偿服务。张宇飞调查了国内8个城市的乒乓球消费情况，结果显示，乒乓球健身消费支出占家庭总支出的比重较小，处于中低端消费水平。

2.2.3 影响体育健身消费需求因素的研究

国内对体育健身消费需求影响因素的研究主要是从消费心理学和消费社会学视角展开的，主要探讨了对体育健身消费水平、行为的影响因素。数据获取依然以问卷调查为主，数据处理除描述性统计的频数分析和多维频数分析外，更多研究者采用了χ^2检验和因子分析等统计方法研究变量间的关系，还有学者采用了结构方程模型的方法。

范东芳从消费心理学的视角研究认为，自我概念对体育健身俱乐部女性会员的消费动机、态度和行为具有影响，而对健身频率、方式的选择影响不大。具有不同自我概念的女性健身年限存在差异。另外，自我概念对女性体育消费类型的影响程度不同。陈长江从消费社会学视角研究认为，性别、年龄、文化程度、社会阶层与体育健身消费水平之间存在显著性差异，认为体育健身消费具有关系消费性质和消费分层特征，而且体育健身消费是中上阶层消费文化的代表。伍钰将影响体育健身消费的因素归纳为文化、社会、个人和心理因素。其中，文化因素包括消费者文化程度和所处的社会阶层；社会因素包括参照群体和家庭；个人因素包括年龄、性别、职业和经济状况；心理因素包括动机和知觉。裴晶晶采用χ^2检验和R–型因子分析认为，女性体育健身消费者的年龄、文化程度、职业、月收入对体育健身消费水平消费、态度、兴趣、习惯、消费性格、消费经验产生影响。杨斌认为年龄、个人收入和家庭收入是影响职业女性体育健身消费的因素，但不是收入越高，体育健身消费水平越高，个人收入和家庭收入处于中等水平的职业女性体育健身消费水平最高，高收入者次之，低收入者最低。陈金鳌等对全国20个主要省会城市的调查显示，健身俱乐部的宣传力度、消费价格、环境设施、基础服务、健身项目、私教水平是影响体育健身消费行为的主要因素。黄谦等利用对西安、上海、青岛、深圳4城市体育健身消费者的问卷调查数据采用结构方程模型的方法研究了服务公平、服务质量、商业友谊对消费满意度的影响。

有学者调查认为经济因素已经不是制约体育健身消费的首要因素，如陈建杰等对中部城市职业女性体育健身消费的研究认为，健身俱乐部的地理位置、设施和服务质量等超越收入、价格等经济因素成为制约居民体育健身消费需求的关键因素。但也有研究显示，收入、价格等经济因素依然是制约体育健身消费的首要因素，如蔡军等认为制约西安市健身消费的因素主要是健身产品价格高、收入少等经济因素，同时运动技能的缺失也不容忽视。此外，项目选择、设施完备性、地理位置、服务态度、技术指导以及环境舒适度也是主要的影响因素。王丽丽等认为影响南昌市居民室内体育健身消费决策的因素有个人收入水平、健身消费意识、场馆地理位置、场馆服务质量以及经营理念和消费定位。

2.2.4 影响体育健身消费结构因素的研究

目前，研究者们主要运用自行设计的问卷，采用描述性统计的频数分析和相关分析，研究年龄、性别、文化程度、职业、收入等变量对体育健身消费支出结构和形态结构的影响。

刘远花的研究显示，不同年龄阶段、性别、文化程度、职业城市居民的体育健身消费结构存在差异。黄卓等采用时序截面数据分析认为年龄对不同支出内容的影响程度不同，健身旅游消费和休闲消费总额没有显著的年龄差异，而运动服装消费与年龄增长负相关。李伟平等研究表明，我国居民体育消费结构仍处于由实物型消费向服务型消费过渡阶段。赵新成认为青年群体以服务型体育健身消费为主，而少年儿童和老年群体以实物型体育健身消费为主。

2.2.5 发达城市（地区）体育消费需求相关研究

根据本研究对发达城市（地区）的界定，现有文献对发达城市（地区）的研究涉及北京、上海、广州、杭州、南京、苏州、青岛、济南以及广东、浙江、江苏、山东、福建13个省市。

（1）体育健身消费需求及其影响因素。

对体育健身消费需求及其影响因素的研究主要是从社会学视角，调查了不同性别、年龄、文化程度、职业群体在体育健身消费的频次、时间、形式、地点、消费水平和消费支出结构方面的差异。以上社会人口学变量对是否有体育健身消费有显著影响。王新利（2011年）认为不同性别、年龄、文化程度、健身年限的消费者在体育健身服务需求方面存在差异。影响选择健身俱乐部的因素由高到低依次是地理位置、价格、环境、服务人员态度、教练水平、人气、团体课内容、健身器械、交通便利等。范清惠等认为影响北京市商业瑜伽馆会员健身行为的外部因素有大众传媒、教练、场所，内部因素包括健身动机、对项目的认知。吴晓红采用R-型因子分析，认为影响南京市居民体育健身消费的因素是宣传、价格、环境、服务、品牌和产品。吴毅采用R-型因子分析，将影响广东省城市居民足球体育健身娱乐消费的因素归为消费者、环境、企业、市场、教育和宣传。王奇峰等通过探讨广州天河区居民的不同人口学特征因素与体育健身消费力的关系，得出年龄、婚姻状况、受教育程度和月收入与月体育健身消费的相关性较大，年龄和受教育程度的相关性较高，月收入多少是决定是否参与体育健身消费的重要因素等结论。冯卫等认为主体因素、客体因素和环境因素对居民参与体育健身消费的影响度依次增大，但无显著性差异；健身场所环境、器材、享受健身消费、朋友支持对月健身消费支出影响度较大；而健身服务、健身意外、健身效果以及专业人员的指导是影响体育健身消费的重要因素。健身消费替代品和专业人员指导既是影响健身消费的主要因素，也是敏感因素。徐洪想等（2007年）采用R-型因子分析，确定了影响广州市网球健身消费发展的因素是经济条件、观念因素、强身健体、网球自身魅力和社会环境。

还有学者研究了特定人群的体育健身消费行为及影响因素。周进国认为社会阶层对体育健身消费有显著影响。社会阶层对体育健身消费的影响是组织资源、经济资源和文化资源综合作用的结果，其中，经济资源是决定性影响因素，性别、年龄、余暇时间对体育健身消费有显著影响，体育认知、体育情感对体育健身消费不具有显著影响。赵胜国、郜崇禧等分析了中产阶层体育健身消费行为，认为中产阶层体育健身消费认知水平较高，健身动机向休闲时尚、自我发展等深层次拓展，健身场所趋向品位化，但尚未形成持续性的体育健身消费行为，体育健身消费水平较低。中产阶层体育健身消费具有维持家庭消费总量的行为特点，即为增加其子女体育健身消费而缩减自身体育健身消费支出，以维持家庭体育健身消费总量不变。健身场馆便利性、健身服务、余暇时间、健身组织、价格、偏好、健身方法是影响健身消费的主要因素。吴媛媛调查了北京市中年女性体育健身消费主体的文化结构和收入结构、消费资料的形态结构，认为影响该群体体育健身消费因素主要是环境、家庭、经济和群体，其中群体因素占比例较大。王思勉认为职业对女性的健身项目选择、健身动机、健身频度、健身持续性有显著影响；时间、健身便利性、兴趣成为制约职业女性体育健身消费的主要因素。此外，体育消费水平对健身项目有显著影响，消费目的对体育健身消费频度有显著影响，体育消费满意度对健身持续性有显著影响。

（2）关于体育健身消费结构及其影响因素的研究。

陈灏认为，不同年龄、性别、学历、职业、收入水平的上海市居民体育消费结构存在差异，且上海市居民实物型体育消费比例远高于服务型体育消费的比例。叶心明等运用扩展线性支出系统模型分析了上海市体育消费结构，认为收入是体育消费结构的最主要影响因素，消费结构以实物性消费为主，运动服装和健身器材比重最大，但体育指导与培训服务消费需求增长迅速。王乔君对“长三角”地区体育消费形态结构的研究也显示实物型消费占体育消费的绝大部分，服务型消费滞后。收入对实物型和服务型体育消费水平产生不同的影响，不同收入水平消费者在实物型体育消费水平方面没有差异，而在服务型消费水平方面存在显著差异。

以上研究表明，在发达城市或地区，收入已经不是影响体育健身消费水平的首要因素，健身意识、闲暇时间、健身产品供给水平正成为影响体育健身消费水平与消费结构的主要因素。

2.3 对国内外研究成果的简要评价

通过以上综述可以看出，体育健身消费问题已经成为国内外学者研究的重点和热点问题，很多研究成果为本研究提供了重要的借鉴与参考。具体来看，第一，国外文献比较注重定量研究，往往从多学科的角度分析影响体育健身消费需求的因素，这使其主要观点的科学性和结论的可信度大为增强。第二，国内关于体育健身消费的研究文献数量较多，涉及地域较广，研究人群多样，研究内容丰富，这些研究成果对本研究有重要的启示意义。第三，关于体育健身消费的影响因素，国内研究尚有一些不足，主要表现在：以定性研究为主，定量研究少，数据处理往往采用频数分析方法，数理统计方法少，难以把握各影响因素之间的关系；研究视角比较单一，主要关注人口因素，经济因素仅仅涉及收入，对其他因素关注不够；对发达城市或地区体育健身消费结构特征的研究不够深入。

基于以上认识，本研究拟以北京、天津、上海3个发达城市为分析蓝本，除进一步探讨人口因素对体育健身消费结构的影响外，着重分析经济因素、社会因素、家庭生命周期以及闲暇时间和运动能力等资源约束的影响。在此基础上，归纳三城市体育健身消费结构的特征，结合未来三城市体育健身消费结构的发展趋势，提出促进体育健身消费的措施建议。

小结：本章主要针对国内外有关体育健身消费及其结构和影响因素的文献进行了回顾，特别就发达城市体育健身消费结构、影响因素的文献进行了梳理，归纳了国内外体育健身消费结构研究的特点以及国内学者对这一问题在研究方法、研究视角方面的不足，明确了本研究的必要性和研究重点。

3 研究对象和研究方法

3.1 研究对象

本研究以北京市、天津市、上海市常住居民体育健身消费结构为主要研究对象，分析不同年龄、学历、职业、可支配收入、闲暇时间、运动能力、家庭生命周期等因素对体育健身消费结构的影响，据此分析如何通过市场方式提供有效供给，以满足不同群体的体育健身消费需求。

3.2 研究方法

3.2.1 文献资料法

笔者认真阅读了社会学、消费经济学、产业经济学和体育经济学的相关著作20余部，以便夯实理论基础。笔者通过北京体育大学图书馆和天津体育学院图书馆馆藏资源、天津市高校图书馆馆际互借资源，利用中国知网、维普网、超星图书馆、EBSCO外文数据库、Springer Link电子期刊数据库等检索了大量文献资料，并对这些文献资料进行了整理、筛选和重点阅读，这些研究成果对本研究的撰写具有重要的借鉴和启示意义。笔者还通过国研网数据库、世界银行网站、国家统计局网站、北京市统计局网站、上海市统计局网站、天津市统计局网站等查阅了相关的政策法规和统计数据，从而为论文提供更为可靠的论据资料。

3.2.2 问卷调查法

（1）问卷的编制。

根据本研究的目的和内容设计了“发达城市居民体育健身消费结构调查问卷”（附录一）。

（2）问卷的信度效度检验。

问卷编制完成后，采用主观评价法对问卷内容进行了效度检验。聘请9位专家（表3-2-1）对问卷的效度进行了检验，发放了9份问卷，全部收回，经检验，问卷效度较高，3位专家认为非常有效，4位专家认为比较有效，2位专家认为基本有效，有效率100%。

表3-2-1 专家成员表（n=9）

专家	职称	研究领域	单位
李宗浩	教授	体育管理学	天津体育学院
祁国鹰	教授	体育统计学	北京体育大学
姜达维	教授	体育统计学	天津体育学院
邵淑月	教授	体育经济学	天津体育学院
肖林鹏	教授	体育管理学	天津体育学院
王健	教授	应用统计学	天津财经大学
李军	编审	体育社会学	天津体育学院
孙荣会	教授	体育社会学	天津师范大学
梁强	教授	体育经济学	天津财经大学

采用再测法对问卷信度进行检验，对天津市某小区自愿参与调查的居民发放问卷50份，被调查者在第一次调查结束一个月后，再次发放了同样的问卷进行调查，两次调查结果的相关系数r=0.79，学者DeVellis认为，系数为0.6～0.65的问卷不可用，0.65～0.7的为最小可接受值，0.7～0.8的相当好，0.8～0.9的非常好，据此可以认为本研究问卷信度较好。

（3）样本容量的确定。

确定区间的可靠度为95%，对体育健身消费水平的估计误差不超过

5%，根据公式

$$n=\frac{Z^2_{\alpha/2}(s^2/\overline{X}^2)}{\triangle^2/\overline{X}^2}=\frac{Z^2_{\alpha/2}R^2}{\triangle^2/\overline{X}^2}$$

其中，$\alpha=0.05$，$Z_{\alpha/2}=1.96$，$\triangle/\overline{X}=0.05$。根据一般情况，变异系数$R\leqslant 0.05$，样本量$n$=384，确定每个城市至少需要有效样本量为384，在实际调查中每个城市样本量不应小于384。

（4）问卷的发放与回收。

采取问卷星在线问卷调查软件和纸质问卷相结合的方式获取样本数据。在线问卷采用朋友圈扩散方式，纸质问卷采用分层随机抽样方法。由于需要不同家庭生命周期的样本，考虑到样本的有效性和数据收集的便捷性，满巢期和空巢期样本主要通过在幼儿园、小学、中学、大学、老年大学发放问卷获得，无巢期和筑巢期样本主要通过在城市公园、广场、超市、商业区等人员密集地区随机发放问卷获得。在线问卷与纸质问卷共回收问卷1759份，剔除无效问卷375份，得到有效问卷1384份，有效率78.7%。其中，北京461份、上海438份、天津485份。

（5）调查样本基本信息。

本次调查主要针对20岁以上北京、上海、天津三城市常住居民，调查样本基本情况见表3-2-2 。

表3-2-2　三城市样本特征（n=1384）

人口统计变量	变量水平	份数	百分比（%）	人口统计变量	变量水平	份数	百分比（%）
性别	男	722	52.2	受教育程度	初中及以下	267	19.3
	女	662	47.8		高中/技校/中专	338	24.4
年龄（岁）	20～29	215	15.5				
	30～39	412	29.8		本科/大专/高职	631	45.6
	40～49	350	25.3				
	50～59	253	18.2		研究生及以上	148	10.7
	60以上	154	11.1	家庭生命周期	无巢期	151	10.9

续表

人口统计变量	变量水平	份数	百分比(%)	人口统计变量	变量水平	份数	百分比(%)
人均月可支配收入/元	2000以下	181	13.1	家庭生命周期	筑巢期	192	13.8
	2001～3000	149	10.8		满巢1期	163	11.8
	3001～4000	283	20.4		满巢2期	186	13.5
	4001～5000	357	25.8		满巢3期	171	12.4
	5001～6000	140	10.1		满巢4期	176	12.7
	6001～7000	119	8.6		满巢5期	165	11.9
	7001以上	155	11.2		空巢期	180	13.0

3.2.3 专家访谈法

为更好把握发达城市体育健身消费结构与健身产业的特征、影响因素与发展趋势，对体育经济学、体育管理学领域的学者以及从事健身产业实际工作者进行了访谈，专家名单见表3-2-3，访谈提纲见附录二。

表3-2-3 访谈专家成员表（n=5）

专家	单位	职称/职务	研究领域或业务专长
肖淑红	北京体育大学	教授	体育产业经营管理
肖林鹏	天津体育学院	教授	体育管理学
梁强	天津财经大学	教授	体育经济学
杨建荣	北京体育大学	副教授	体育经济学
曹岩	宝力豪健身中国	CEO	健身产业经营与管理

3.2.4 数理统计法

运用Eviews6.0、SPSS16.0统计软件和Excel对统计年鉴数据和问卷调查数据进行处理，对相关数据进行回归分析、频数分析、方差分析和多重比较，为研究提供量化数据支持。

4 分析与讨论

4.1 本研究的理论基础

4.1.1 消费、消费品、消费方式

消费活动是人类赖以生存和发展的基础，是人们为了满足物质生活和精神生活的需要而对物品和服务的消耗与花费。同理，消费品是用于满足人类物质生活和精神生活所需要的各种物品和服务。消费方式是指消费需求的满足方式，其取决于消费主体（消费者）和消费客体（被消费的商品和服务）的结合方式。消费方式包括消费的技术方式和社会实现方式。消费的技术方式指某种消费需求满足是通过怎样的消费工具与消费资料的结合实现的，如体育健身的方式和场所的不同反映出经济发展的不同阶段。消费的社会实现方式指消费需求通过怎样的途径得以满足和实现，可以从消费的社会实现范围和社会实现途径两方面去理解。消费的社会实现范围如个人消费、集团消费、公共消费；消费的社会实现途径如自给性消费、半自给性消费、商品性消费等。随着经济发展水平、科学技术水平、社会文明程度和人们生活质量的不断提高，消费的技术方面会向着更加科学健康的方向发展，消费的社会实现方式会向着更加市场化的方向发展。

4.1.2 消费水平及其主要影响因素

消费水平是指在一定的社会生产力水平下，居民消费需求的满足程度。居民需求的满足程度是一个原有层次的需求不断被满足，新层次的需求不断被开发的过程，因此，需求的满足程度可以从狭义和广义两个角度去理

解。狭义的消费水平指人均消费品（包括劳务）的数量，广义的消费水平还包括消费品的质量以及消费质量、消费环境等。消费水平可以用消费品的实物量和劳务量来衡量，也可以用获取消费品和劳务的货币支出，即价值量来衡量。

影响消费水平的因素分为经济因素和非经济因素。经济因素主要包括两个方面。第一，收入。收入与消费者对消费品和服务的需求成正比关系。在其他条件不变的情况下，收入较少对消费品和服务的需求也少，收入增加则购买力提高，对消费品和服务的需求相应增加。当收入水平较低时，人们以购买基本生存资料为主，如食品、衣服等，随着收入水平的逐步提高，基本生活得到保证，人们会更加重视享受和自我发展的消费，如教育、文化、娱乐等。当收入水平较低时，人们倾向选择“性价比”较高的商品和服务；收入水平提高后，人们往往不会在意价格的高低，而更愿意选择服务完善、能体现自身价值的产品和服务。消费品的需求收入弹性会随收入变化而变化。随着收入水平的提高，生存资料的收入弹性逐渐变小，享受资料、发展资料的收入弹性会逐渐提高；低档消费品的收入弹性会减小，甚至为负，高档消费品的收入弹性趋向变大，但达到一定程度后，也会逐渐变小。第二，价格。价格对消费水平的影响主要表现在两个方面：正常商品和低档商品（正常商品是指需求量随消费者的收入上升而增加的商品；低档商品是指需求量随消费者收入上升而减少的商品）的消费量与价格呈反方向变动关系，吉芬商品（吉芬商品是指在其他因素不改变的情况下，当商品价格上升时需求量增加，价格下降时需求量减少的商品）的消费量则与价格同方向变化。另外还有相关商品的价格。相关商品的价格主要是替代品和互补品价格变化的影响。一般情况下，某种商品的替代品价格越高，就显得这种商品相对便宜，因而对这种商品的需求会增加；反之亦然。某种商品的互补品价格上涨时，这种商品的需求也会随之减少。

影响消费水平的非经济因素主要有以下几个。第一，人口因素。主要包括年龄、性别、职业、文化程度等。第二，偏好。偏好是消费者在特定资源约束下对某一消费商品按自己的意愿进行的先后排序。消费者偏好反映了消费者在进行消费决策时的一种价值取向以及与之相应的行为倾向。不同偏好的消费者消费水平有差异。第三，社会文化因素。如不同家庭的消费类型、不同群体的观念意识和价值观、不同民族的风俗习惯、不同社会阶层的地位等。第四，个体差异。如生理、心理、性格、生活方式等差异。

4.1.3 消费结构及其主要影响因素

消费结构是指人们在消费过程中所消费的各种消费资料（包括劳务）的组合和比例关系。根据研究视角的不同，消费资料可以有不同的划分方法：按消费内容可分为吃、穿、住、行、劳动等，按照消费资料的存在形式可分为实物和劳务两种形式，按照需求层次可分为生存资料、享受资料和发展资料。

消费支出结构是指消费者通过货币支出反映的消费结构。消费结构和消费支出结构并不是等同的概念。消费支出结构强调的是消费者通过货币支出反映的消费结构，是在市场经济条件下，通过交易关系从市场上取得的各类消费资料的组合和比例关系。而消费结构除了消费支出结构所包含的通过市场交易关系取得的消费资料外，还包括不通过市场交易关系（如依靠自己生产所得）、不完全的交易关系（如补贴）取得的消费资料。显然消费结构和消费支出结构的关系与消费的市场化程度有关。消费的市场化程度越高，消费结构中后两部分消费资料所占的比重就越低，消费结构基本可以通过消费支出结构得到反映；而消费的市场程度越低，则后两部分消费资料所占的比重越高，消费结构与消费支出结构的差异就越大。

影响消费结构的主要因素既有微观层面的因素，也有宏观层面的因素。微观层面的影响因素主要包括以下几个。第一，家庭或个人的收入水平。收入决定了消费的数量与质量，也决定了消费的商品化程度和多样化程度。第二，家庭或个人的发展目标。家庭或个人的发展目标决定了不同的家庭类型。在以“家庭为中心”“以事业为中心”和“以消费为中心”三种不同的家庭类型中，消费支出的侧重点不同，导致产生不同的消费结构。第三，家庭生命周期所处的阶段与家庭规模。家庭生命周期是指一个家庭从诞生、发展直至消亡的运动过程。家庭生命周期理论认为，家庭是个动态的单位，从建立到消亡要经历若干阶段，每个阶段具有不同的特征，表现为家庭规模、收入水平和家庭目标的差异，即使处于同一个阶段的家庭，由于家庭目标、类型、消费支出功能和投资行为的差异，也会表现出不同的消费结构。本研究参考许春晓等的研究，根据婚姻状况和子女在家庭中的成长阶段，将家庭生命周期划分为无巢期、筑巢期、满巢1期、满巢2期、满巢3期、满巢4期、满巢5期、空巢期8个阶段（表4-1-1）。第四，家庭（个人）投资。在家庭支出中，有些支出既可以看作“消费”，又可以看作“投资”，如教育支出、健康支出、某些耐用消费品的支出等。这类支出与其他支出不同，在很大程度上与家庭投资行为有关。

表4-1-1　家庭生命周期阶段划分

家庭生命周期阶段	婚姻状况	子女成长阶段
无巢期	未婚/离异/丧偶	无子女
筑巢期	夫妻二人	无子女
满巢1期	夫妻二人/离异/丧偶	最小子女婴幼儿/读幼儿园
满巢2期	夫妻二人/离异/丧偶	最小子女读小学
满巢3期	夫妻二人/离异/丧偶	最小子女读中学
满巢4期	夫妻二人/离异/丧偶	最小子女读大学/研究生
满巢5期	夫妻二人/离异/丧偶	最小子女已工作，但与父母生活在一起
空巢期	夫妻二人/离异/丧偶	最小子女已独立生活

4.1.4　消费结构与产业结构的关系

产业结构是指国民经济中各产业的构成及各产业之间的联系和比例关系。产业结构是经济增长供给方面的重要因素，与作为经济增长需求方面重要因素的消费结构之间是一种相互适应、相互制约、相互决定的关系。

消费结构与产业结构之间的变动关系在很大程度上反映了市场需求和供给之间的变化。一方面，消费结构对产业结构具有诱导作用，这种诱导作用主要通过产品的收入弹性和消费支出弹性体现出来。随着收入水平的提高，消费者对不同商品需求量的增长率是不同的，即在收入水平提高的情况下，消费者对一些商品的消费需求增长幅度高于收入增长幅度，而对另外一些商品的消费需求增长幅度低于收入增长幅度。另外，随着收入水平的提高，消费者的消费支出也会增加，消费者对一些商品的消费支出增长幅度会高于总消费支出增长的幅度，而对另外一些商品的消费支出增长幅度会低于总消费支出增长的幅度。因此，可以通过产业中产品的需求收入弹性和消费支出弹性反映消费结构对产业结构的诱导效应程度。纵观发达国家的发展过程，产业结构中生产低收入弹性和低消费支出弹性产品的产业所占的比重不断下降，生产高收入弹性和高消费支出弹性产品的产业所占比重不断上升。一般而言，随着收入水平的提高，消费需求层次上升，农产品的收入弹性和消费支出弹性日趋低于工业品，工业品的收入弹性和消费支出弹性日趋低于服务产品，导致随着经济的发展，提供农产品的产业在产业结构中的比重趋于下降，提供工业品的产业在产业结构中的比重先升后降；与此同时，提供服务产品的产业在国民经济中的比重由缓慢上升变为迅速上升，成为国民经济中增长最快的产业和部门。另一方面，产业结构对消费结构具有引导作用。消费经济学认为，由产业结构决定的供给结构对需求结构具有一定的反作用，特别是对那些在“社会意识”下形成的，不完全受消费者本人控制的需求，例如手机、电脑、汽车以及文化创意产品的消费。这类消费属于潜在需求，可以通过事先调整产业结构来引导。长期处于一种生活方式或一种价值标准下，人们容易形成思维定式，产生稳定的购买意识和标准，很难察觉到自己存在未满足的潜在需求。因此，通过改变消费者的认识和经验，促使消费者放弃原有的消费习惯，接受新的价值观念，通过学习可以实现需求的满足和改变。消费经济学还认为，闲暇时间的增加和闲暇消费的发展带来消费方式的转变，其派生的需求属于潜在需求，构建健康、科学、文明、有利于社会可持续发展的消费方式，挖掘、激发潜在需求需要商业、政府以及各种消费者组织和其他社会组织加以引导。

4.1.5 体育健身消费结构

体育健身是指人们在闲暇时间里，以体育运动项目作为基本手段，使身体达到健康状态的一种活动。按照世界卫生组织的定义：健康，不仅仅是没有疾病和不虚弱，而是在身体上、精神上和社会适应方面的完好状态。达到健康状态的途径很多，但体育健身无疑是最为重要的途径。需要加以区别的是，本书研究的体育健身不同于以掌握体育运动知识和技术为主要目的的体育教学活动和以提高运动成绩为目的的专业体育运动训练活动。

关于体育健身消费水平，本研究从狭义消费水平概念出发，依据孙汉超等人的观点，将体育健身消费水平定义为用一定货币数量衡量的按人口平均的体育健身实物消费和体育健身劳务消费的数额，也可表述为按人口平均的体育健身消费品的货币支出水平。

体育健身消费结构是人们在体育健身消费过程中消费的各种与体育健身相关的消费资料的比例关系，一般用价值形式表示。根据人们实际体育健身消费资料支出的不同内容，将体育健身消费资料分为体育健身服装鞋帽、体育健身器材、体育健身报刊、体育健身运动食品饮料、体育健身场所门票及场地租金、体育健身技能指导与培训费（私教、陪练、各种健身班等）、体育健身活动与比赛报名费7大类。根据消费资料的形态，体育健身消费结构分为体育实物性消费和体育服务性消费。前者指人们用货币购买的各种与体育健身活动有关的体育物质消费资料，包括体育健身服装鞋帽、体育健身器材、体育健身报刊和体育健身营养食品的支出费用；后者指人们用货币购买的各类体育健身服务消费资料，包括体育健身场所门票及场地租金、体育健身技能指导与培训费和体育健身活动与比赛报名费（表4–1–2）。

表4–1–2　体育健身消费结构

体育健身消费结构	包含内容
体育健身实物性消费	体育健身服装鞋帽、体育健身器材、体育健身报刊、体育健身营养食品
体育健身服务性消费	体育健身场所门票及场地租金、体育健身技能指导与培训费、体育健身活动与比赛报名费

资料来源：笔者根据专家访谈结果整理。这种划分与国家统计局2015年9月颁布的《国家体育产业统计分类》不同，主要是由于本研究的概念界定和调研早于国家统计局《国家体育产业统计分类》发布时间。

小结：在梳理前人研究成果的基础上，结合专家访谈结果和笔者的认识界定了本研究的主要概念：体育健身、体育健身消费水平、体育健身消费结构，使本研究的论域更加清晰。同时，梳理了与本研究相关的理论，包括消费、消费品和消费方式，消费水平及其影响因素，消费结构及其影响因素以及消费结构与产业结构的关系，为论文提供坚实的理论基础。

4.2 京津沪三城市体育健身消费环境分析

4.2.1 京津沪三城市已经进入比较发达城市的行列

世界银行根据业务分析的需要，将全世界所有国家按人均国民总收入分为低收入国家、中等收入国家和高收入国家。通常高收入国家即指发达国家。除收入指标外，对一个国家发达程度的划分还采用其他一些经济指标，如国内生产总值（GDP）总量和人均数量等。同时，一些非经济因素也被更多地作为划分国家发达程度的指标，如识字率、受教育人数和教育水平、人均寿命等。

在我国，发达城市一般是指经济比较繁荣、科学技术比较先进的城市。但是在具体的操作层面上却很难统一。因为一个城市发达与否不仅取决于由该城市经济发展水平所决定的物质文明和精神文明的综合情况，而且取决于研究者的视角。根据资料来看，目前主要有以下三种划分方法。

第一种：国务院2014年10月以城区常住人口作为划分城市规模的标准，将城区常住人口超过1000万的城市确定为超大城市。根据这一标准，截至2014年，全国城区人口超过1000万的城市有6个，分别是上海、北京、重庆、广州、天津、深圳。

第二种：2015年5月，中国社会科学院财经战略研究院和中国社科院城市与竞争力研究中心对中国294个城市的综合经济竞争力进行了实证研究，连续13次发布了综合经济竞争力指数排名前十的城市，依次是深圳、香港、上海、台北、广州、天津、苏州、北京、澳门、无锡。

第三种：《第一财经周刊》从2013年开始根据工商业繁荣程度，从公司发展战略的角度对我国400个城市进行了划分，2014年公布的一线城市为北京、上海、广州、深圳、天津。《第一财经周刊》选取的指标为一线品牌进入密度、一线品牌进入数量、GDP人均收入、“211”高校、《财富》全球500强进入数量、大公司重点战略城市排名、机场吞吐量、大公司进入数量、使领馆数量、国际航线数量共10项指标的单项排名。

上述三种划分方法虽然不尽相同，但结果却集中于上海、北京、广州、深圳、天津5个城市。2015年，这5个城市GDP总量在全国（除港澳台以外）排名前5位，均超过17000亿元，且常住人口均超过了1000万（表4-2-1）。这5个城市除拥有雄厚的经济基础之外，均有优越的区位优势、雄厚的教育资源、深厚的文化积淀和便利的交通条件，对周边多个省份具有很强的辐射能力。

表4-2-1 上海、北京、广州、深圳、天津的GDP和人口情况

城市	GDP		人口	
	总量（亿元）	排名	总量（万）	排名
上海	25300	1	2425.68	1
北京	23000	2	2151.6	2
广州	18100	3	1667	3
深圳	17500	4	1077.89	5
天津	17200	5	1516	4

资料来源：GDP为2015年数据，数据来源于新华网。人口总量为2014年数据，数据来源于国务院发布的《关于调整城市规模划分标准的通知》。

可以看出，尽管天津市位列第5，但是与位列第3的广州市，在GDP总量和人口总量方面的差距并不是很大。

4.2.2 京津沪三城市体育健身消费的经济环境

（1）人均GDP。人均GDP能够比较客观地反映一个国家或地区经济发展水平。2003—2014年，北京市、天津市和上海市人均GDP的情况见图4-2-1。

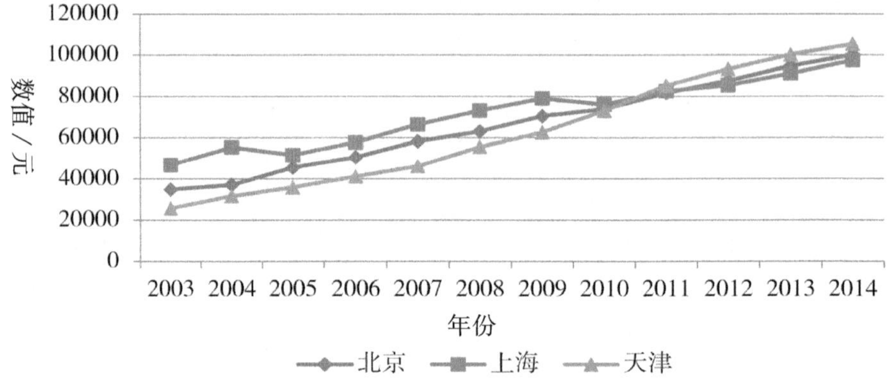

图4-2-1　2003—2014年三城市人均GDP

（资料来源：根据北京市、天津市、上海市统计年鉴2004—2015年卷绘制）

图4-2-1显示，三城市11年间年均增长率分别为10.07%、13.76%、6.9%。2014年，三城市人均GDP分别折合16278美元、17073美元和15191美元，按照世界银行2013年划分各国贫富程度的标准，三城市已经达到中上等富裕国家水平，超过了12276美元的高收入国家的“标准线”[72]。

（2）人均可支配收入。人均可支配收入被认为是消费支出最重要的决定性因素。2003—2014年，北京市、天津市、上海市人均可支配收入持续增长（图4-2-2）。

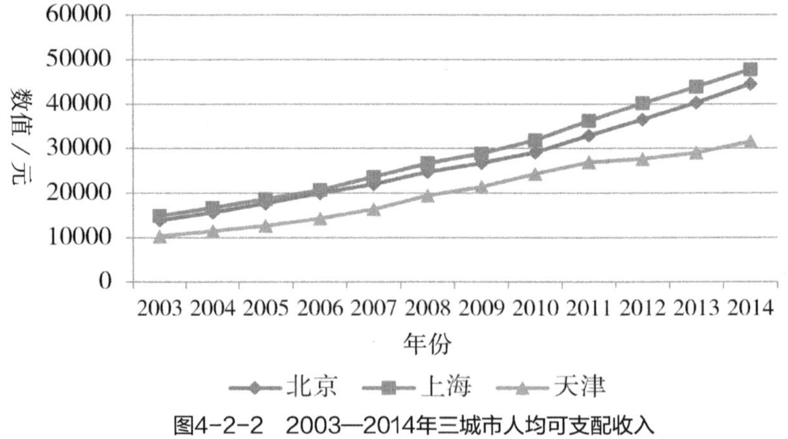

图4-2-2　2003—2014年三城市人均可支配收入

（资料来源：根据北京市、天津市、上海市统计年鉴2004—2015年卷绘制）

（3）居民消费水平和消费结构。随着居民可支配收入的增加，北京、天津、上海居民的消费水平不断提高，分别从2003年的11123.84元、7867.53元和11146.72元提高到2014年的31102.9元、22343元和33064.8元（图4-2-3），分别增长了1.8倍、1.8倍和2倍。

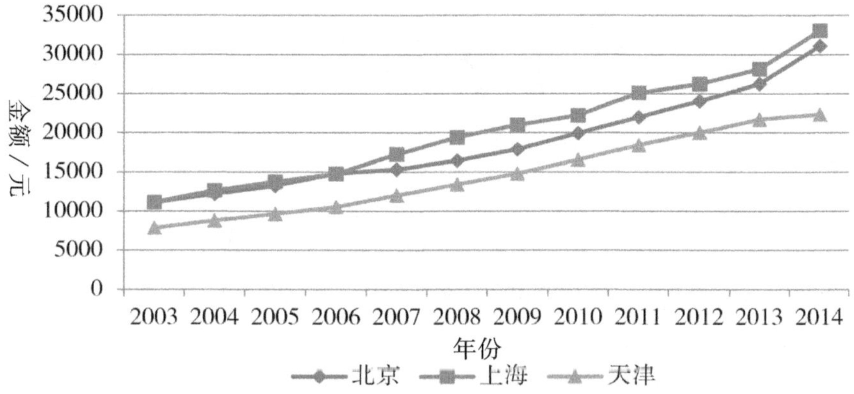

图4-2-3　2003—2014年三城市消费水平

（资料来源：根据北京市、天津市、上海市统计年鉴2004—2015年卷绘制）

在消费水平提高的基础上，三城市居民的消费结构也发生了变化（表4-2-2）。

表4-2-2　2014年三城市居民消费结构 / %

城市	食品	衣着	居住	生活用品与服务	交通通信	教育文化娱乐	医疗保健	其他用品及服务
北京市	23.7	7.7	30.6	6.5	11.4	10.7	6.1	3.2
天津市	26.8	4.8	33	4.6	10.8	10.2	6.6	3.2
上海市	33.2	8.4	21.6	5.7	12.8	8.3	7.1	2.9

资料来源：北京市、天津市、上海市统计年鉴2004—2015年卷。

（4）产业结构。2003—2014年，三城市产业结构的情况如图4-2-4至图4-2-6所示。

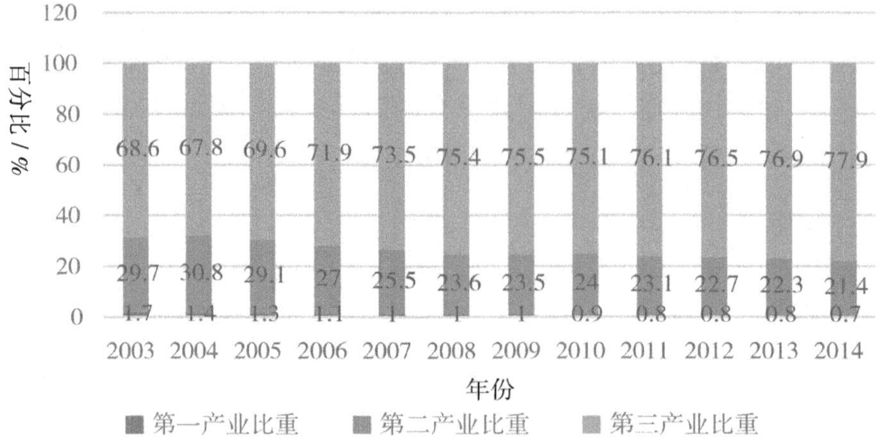

图4-2-4　2003—2014年北京市产业产值结构

（资料来源：根据北京统计年鉴2004—2015年卷数据绘制）

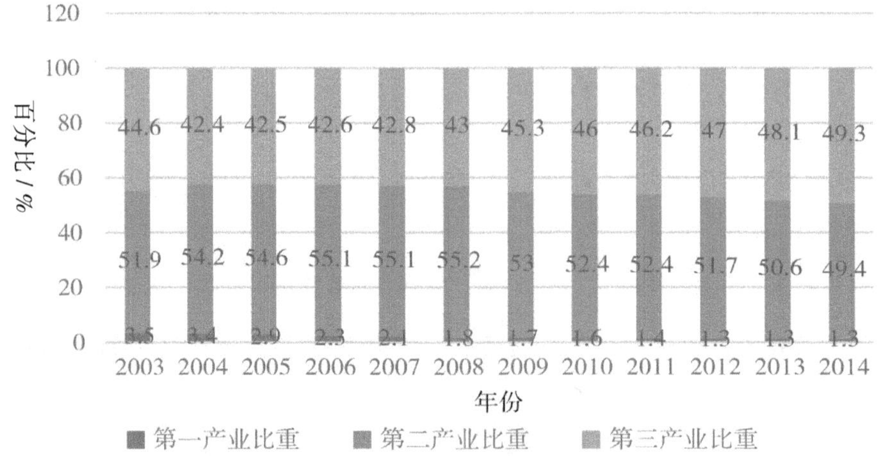

图4-2-5　2003—2014年天津市产业产值结构

（资料来源：根据天津市统计年鉴2004—2015年卷数据绘制）

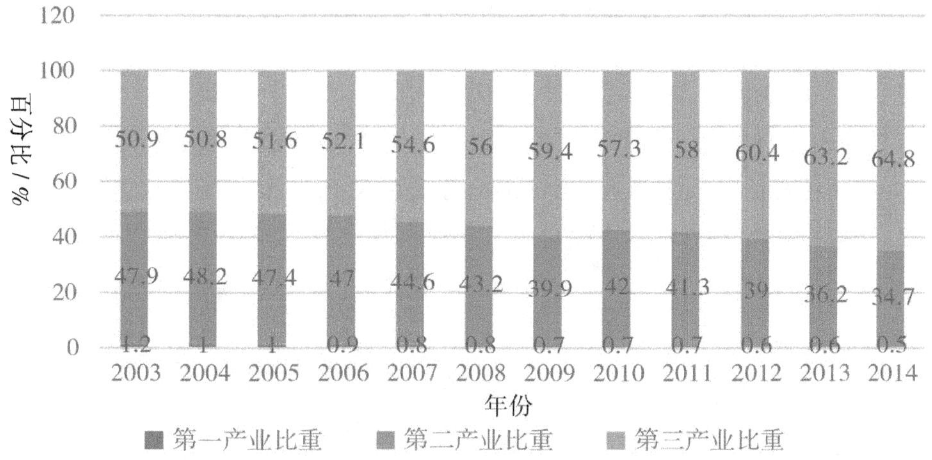

图4-2-6 2003—2014年上海市产业产值结构

（资料来源：根据上海市统计年鉴2004—2015年卷数据绘制）

2003—2014年，三城市第一产业和第二产业产值呈下降趋势，第三产业产值呈上升趋势，产业结构逐渐趋于合理。从国内来看，三城市第三产业产值比重处于全国前列。从国际来看，2013年，美国、英国、日本的第三产业产值比重分别为78.1%、78%和72.6%，北京市第三产业产值比重已经超过日本，接近美国、英国等发达国家的水平；上海市第三产业的比重也已经接近发达国家水平，详细情况见表4-2-3。

表4-2-3 2013年三城市及全国与美国、日本、英国产业结构比较

国家或城市	第一产业比重（%）	第二产业比重（%）	第三产业比重（%）
美国	1.4	20.5	78.1
中国	9.2	42.7	48.1
日本	1.2	26.2	72.6
英国	0.7	21.3	78
北京市	0.8	22.3	76.9
天津市	1.3	50.6	48.1
上海市	0.6	36.2	63.2

资料来源：美国、中国、日本和英国的数据来源于世界银行网站2013年数据；北京、上海、天津的数据来源于国家统计局网站2013年数据。截至作者成文时，世界银行尚未公布美国、日本2014年的服务业比重，因此本研究采用2013年三国服务业比重的数据做比较。

4.2.3 京津沪三城市体育健身消费的社会环境

（1）人口结构。

2003—2014年，京津沪三城市常住人口数量持续增长，分别从2003年的1456.4万人、1011.3万人和1765.84万人增长到2014年的2152万人、1517万人和2426万人（图4-2-7）。

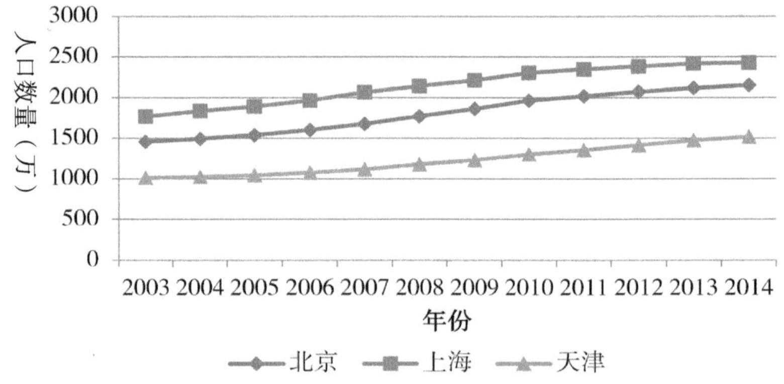

图4-2-7 2003—2014年三城市常住人口数量

（数据来源：根据中国统计年鉴2004—2015年卷数据绘制）

在常住人口中，三城市的劳动人口比例均高于全国水平，而老龄人口比例和抚养比均低于全国水平，见表4-2-4。

表4-2-4 2014年全国与北京市、天津市、上海市人口年龄指标比较

全国与三城市	劳动人口比例（%）	老龄人口比例（%）	抚养比（%）
全国	73.4	9.7	36.2
北京市	81.3	8.5	23.0
天津市	77.5	11.7	29.0
上海市	80.2	9.7	24.7

资料来源：中国统计年鉴，2015年卷。

（2）学历结构。

2014年，北京市、天津市、上海市15岁以上文盲比例分别为1.48%、

2.35%和3.15%，均低于同期全国4.92%的比例；北京市、天津市和上海市具有大专以上学历人口比例分别为38.2%、22.1%和27.1%，而同期全国这一比例仅为11.5%。可见，三城市常住人口的学历水平在全国处于领先地位，其中北京市近四成的常住人口接受过高等教育，居于全国首位。

（3）常住人口的健康状况。

国际上一般用人均期望寿命、孕产妇死亡率和婴儿死亡率这3项指标来综合反映居民的健康状况。从表4-2-5可以看出，京津沪这3项指标均已达到发达国家水平。

表4-2-5　京津沪三城市人口健康状况

	人均期望寿命（岁）	孕产妇死亡率（$^0/_{0000}$）	婴儿死亡率（$^0/_{00}$）
北京市	81.81	7.19	2.33
天津市	81.08	10	6
上海市	82.29	6.74	4.83
美国	79	14	6
英国	81	9	4
日本	84	5	2

资料来源：北京市指标来源于《2014年北京市卫生与人群健康状况报告》，天津市指标来源于《天津市居民慢性非传染性疾病流行状况报告（2014年度）》，上海市指标来源于《2014年上海市卫生计生状况报告》。其中，三城市人均期望寿命为户籍人口指标，孕产妇死亡率和婴儿死亡率为常住人口指标。

但是，有些现象值得关注。例如，2013年北京市政府发布的《北京市卫生与人群健康状况报告》显示，虽然北京市居民的期望寿命已经达到发达国家的水平，但居民生命质量与发达国家相比依然存在差距，一生中各种疾病和残疾因素累计损失了10～20年的生命年。而降低人群健康期望寿命的主要因素就是各种慢性疾病。慢性疾病与不良的生活方式以及缺乏体育锻炼有着密切的关系。

（4）闲暇时间。

改革开放以后，随着家务劳动逐渐机械化和电气化，更多的人从烦琐的家庭劳动中解放出来，居民的休闲时间明显增多。1995年我国开始实行5天工作制，公民法定假日达到115天，接近全年时间的1/3。截至2015年，我国城市居民每天平均休闲时间为2.61小时。

（5）居民的消费观念意识。

随着经济的发展、收入水平的提高，居民的消费观念也发生了变化。在满足物质需求的同时更关注精神需求的满足，在京津沪三个城市中，这种现象更为普遍。特别是很多中年和年轻人由求同从众逐渐转变为追求个性与时尚。另外，伴随交通工具的便利和工作节奏的加快，现代文明病开始出现，这使人们的健身意识得以不断强化，更多人开始追求健康的生活方式。“花钱买健康”作为一种消费观念被越来越多的人接受，体育健身消费支出在人们的总消费支出中的比例不断增加。

4.2.4 京津沪三城市体育健身消费的市场环境

随着京津沪三城市人民生活水平的提高，居民体育健身的愿望以及对体育健身条件的需求有了大幅度改观，以往免费的体育活动场地由于设施比较简陋、项目单一、缺乏有针对性的健身指导，已经难以满足人们日益增长的体育健身需求，一部分人更希望通过付费的方式获得专业的健身设备、个性化的运动项目和科学专业的健身指导。特别是三城市近年来举办了多项大型国内外体育赛事，更是极大地激发了居民潜在的体育健身热情、扩大了居民体育健身的参与率。北京奥运会筹备期间，北京市居民体育健身消费以每年40%的速度递增，明显高于全球20%的平均速度。为适应这种需求，京津沪三城市的体育健身场所不断增加。北京市经营性体育健身场所由1999年的5000多处上升到2004年的6000多处，年营业收入从1999年的15亿元增加到2004年的52亿元。根据2007年掌握的部分统计资料，上海市已拥有体育健身经营单位5200多家，从业人员超过1.5万人。但是，体育健身产业经过十余年的扩张后，其供给能力和不同消费群体的需求不相匹配，市场定位不准，产品同质化现象日趋严重。

4.2.5 京津沪三城市体育健身消费的制度环境

为了刺激体育健身消费，扩大体育健身供给，2010—2014年，国家相继出台了一系列促进体育健身消费，完善体育健身市场，扩大体育健身产品和服务供给的政策措施见表4-2-6。

表4-2-6 2010—2014年关于体育消费和体育产业的相关政策

颁布时间	发布机构	名称
2010年	国务院办公厅	关于加快发展体育产业的指导意见
2011年	国家体育总局	体育产业“十二五”规划
2012年	国务院办公厅	服务业发展“十二五”规划
2014年	国务院	国务院关于加快发展体育产业促进体育消费的若干意见
2015年	国务院办公厅	关于加快发展生活性服务业促进消费结构升级的指导意见

在上述政策措施中，明确提出“大力发展体育健身市场，培养群众体育健身意识，引导大众体育消费”“合理引导高收入群体的体育消费行为，积极扩大中低收入群体的体育消费需求”“鼓励发展健康体检、健康咨询、健康文化、健康旅游、体育健身等多样化健康服务，重点培育健身等体育服务业”，特别是《国务院关于加快发展体育产业促进体育消费的若干意见》提出将全民健身上升为国家战略，凸显出体育健身事业和体育健身产业在国民经济发展中的重要意义。

上述分析表明，第一，从经济环境来看，京津沪三城市人均GDP以及人均可支配收入的不断提高是体育健身消费需求不断扩大的经济基础；消费水平的提高和消费结构升级不仅为扩大体育健身消费需求创造了市场空间，而且为产业结构调整升级、发展体育产业特别是体育服务业提供了动力和机遇。第二，从人口结构来看，常住人口持续增长有利于扩大体育健身消费人口的基数；虽然三城市已经进入老龄化社会，但老龄化程度要好于全国水平，劳动人口负担较轻，有利于居民参与健身活动；大量研究表明，居民体育健身消费与其学历呈正相关，因此，三城市居民较好的教育背景为扩大体育健身消费奠定了良好的社会基础。第三，从社会氛围来看，居民闲暇时间增多为扩大体育健身消费提供了前提条件，观念意识的转变为扩大体育健身消费需求提供了动力基础。第四，从市场环境来看，近年来三城市体育健身消费需求的个性化和多样性与供给结构的单一性和同质性之间的矛盾亟待解决。第五，从制度环境来看，改革开放以来，特别是近年来政府出台的一系列相关政策措施为扩大体育健身消费需求，提供有效体育产品和服务供给创造了良好的制度条件。综上，京津沪三城市已经从生存型阶段进入发展型阶段，促进人的全面发展成为三城市现阶段的重要发展目标，这有利于扩大体育健身消费需求和体育产品与服务的有效供给。

小结：分析了京津沪三城市体育健身消费的经济环境、社会环境、市场环境和制度环境，认为三城市已从生存型阶段进入发展型阶段，促进人的全面发展成为三城市现阶段的重要发展目标，这不仅为扩大体育健身消费提供了经济基础与社会条件，而且为有效提供体育健身产品与服务以及体育健身产品结构和体育健身产业结构的调整升级提供了动力和机遇。

4.3 京津沪三城市体育健身实物性消费分析

4.3.1 京津沪三城市体育健身实物性消费的总体情况

（1）体育健身服装鞋帽消费。

京津沪三城市居民体育健身服装鞋帽年消费情况见表4-3-1。

表4-3-1 体育健身服装鞋帽年消费情况

消费金额（元）	频数（次）	百分比（%）	累计百分比（%）
200以下	136	9.8	9.8
201～400	135	9.8	19.6
401～600	150	10.8	30.4
601～800	256	18.5	48.9
801～1000	188	13.6	62.5
1001～1500	205	14.8	77.3
1501～2000	89	6.4	83.7
2001～2500	97	7	90.8
2501～3000	107	7.7	98.5

续表

消费金额（元）	频数（次）	百分比（%）	累计百分比（%）
3001～3500	12	0.9	99.3
3501～4000	4	0.3	99.6
4001以上	5	0.4	100
合计	1384	100	—

表4-3-1的数据显示，体育健身服装鞋帽消费比较普遍，是体育健身消费结构中消费最大的内容。1500元成为居民此项消费的分界线，1500元以下的比例明显高于1500元以上比例，且1500元以上各区间的比例较小，均不足8%。体育健身消费结构中此项消费之所以比重较大，主要是因为绝大部分体育健身服装鞋帽兼具普通服装鞋帽的功能。科技的发展和消费者需求的提升必将促使体育健身服装鞋帽的功能性和实用性更加完善，随着健身参与人群数量的增加，以及人们对体育健身用品品质、功能需求的提升，此项消费数量会稳步增加，消费品质也会逐步提高。

（2）体育健身器材消费。

表4-3-2显示，接近2/3的居民体育健身器材年消费金额在500元以下，另有14.7%的居民没有购买过任何健身器材。一般而言，500元以下基本为简易、小型的健身器材，而大型器材价格多在千元以上。此项消费在1000元以上的居民不足13%，表明三城市居民对健身器材消费需求比较低，消费数量有限。

表4-3-2 体育健身器材年消费情况

消费金额（元）	频数（次）	百分比（%）	累计百分比（%）
0	203	14.7	14.7
0～200	431	31.1	45.8
201～500	264	19.1	64.9
501～1000	190	13.7	78.6
1001～1500	121	8.7	87.4
1501～2000	80	5.8	93.1

续表

消费金额（元）	频数（次）	百分比（%）	累计百分比（%）
2001～2500	46	3.3	96.5
2501～3000	35	2.5	99
3001以上	14	1	100
合计	1384	100	—

（3）体育健身报刊消费。

随着网络技术和数字技术的发展，信息传播的手段与途径发生了极大的变化，以智能手机为代表的新媒体对报刊等传统纸质媒体产生了极大的冲击，这些影响也体现在居民对体育健身报刊的消费方面，而且新媒体在传播体育健身知识与技能方面比传统媒体更有优势。表4-3-3数据显示，39%的居民没有体育健身报刊消费，80%以上居民的体育健身报刊年消费在100元以下，以上数据表明，发达城市居民体育健身报刊消费金额比较小，随着人们阅读习惯的改变，体育健身报刊的消费水平有下降的趋势。

表4-3-3　体育健身报刊年消费情况

消费金额（元）	频数（次）	百分比（%）	累计百分比（%）
0	540	39.0	39.0
0～50	332	24.0	63
51～100	253	18.3	81.3
101～200	187	13.5	94.8
201～300	59	4.3	99.1
301～400	13	0.9	100
合计	1384	100	—

（4）体育健身营养食品消费。

体育健身营养食品是为满足参加体育锻炼人群的生理、代谢需要和某些特殊营养素的需求，按特殊配方而专门加工或调制的食品或营养补充剂，可以分为运动食品、运动饮料和运动补充剂。随着大众健身运动的兴起、人们生活质量的提高以及科学健身意识的增强，普通民众对运动营养食品的消费逐渐增加。表4-3-4数据显示，仅有13.1%的居民没有消费过体育健身营养食品，还有11.6%的居民年消费金额超过1000元。但数据也显示，绝大部分居民消费水平不高，接近2/3的居民年体育健身营养食品的消费在400元以下。根据欧美发达国家的经验，随着生活水平的提高，以及越来越多的人参与健身运动，对体育健身营养食品的需求也会有较大增长。

表4-3-4 体育健身营养食品年消费情况

消费金额（元）	频数（次）	百分比（%）	累计百分比（%）
0	181	13.1	13.1
200以下	413	29.8	42.9
201～400	298	21.5	64.5
401～600	166	12	76.4
601～800	73	5.3	81.7
801～1000	93	6.7	88.4
1001以上	160	11.6	100
合计	1384	100	—

4.3.2 不同群体体育健身实物性消费分析

（1）不同年龄居民体育健身实物性消费差异。

①体育健身服装鞋帽消费。

不同年龄居民体育健身服装鞋帽消费的均值见表4-3-5，“40～49岁”居民体育健身服装鞋帽消费水平最高，“60岁及以上”居民体育健身服装鞋帽消费水平最低。

表4-3-5 不同年龄居民体育健身服装鞋帽消费描述性分析

年龄（岁）	样本量	平均值	标准差	标准误
20～29	215	5.60	2.314	0.158
30～39	412	5.23	2.268	0.112
40～49	350	5.64	2.479	0.133
50～59	253	3.44	1.733	0.109

续表

年龄（岁）	样本量	平均值	标准差	标准误
60及以上	154	2.81	1.463	0.118
合计或平均	1384	4.79	2.409	0.065

单因素方差分析结果显示，在5%的显著水平下，不同年龄居民体育健身服装鞋帽消费存在显著性差异，见表4-3-6。

表4-3-6　不同年龄居民体育健身服装鞋帽消费单因素方差分析

类别	平方和	自由度	均方	*F*	*Sig.*
组间	1534.899	4	383.725	81.549	0
组内	6488.824	1379	4.705	—	—
合计	8023.723	1383	—	—	—

Scheffe法多重比较结果显示见表4-3-7，在5%的显著水平下，“20～49岁”居民体育健身服装鞋帽消费水平显著高于50岁以上居民，“20～49岁”居民此项消费水平不存在显著性差异，50岁以上居民此项消费水平不存在显著性差异。

表4-3-7　不同年龄居民体育健身服装鞋帽消费多重比较结果

分组	a	b	c	d	e
年龄	20～29岁	30～39岁	40～49岁	50～59岁	60岁及以上
平均值	5.60	5.23	5.64	3.44	2.81

注：事后多重比较结果为a>d，a>e，b>d，b>e，c>d，c>e。

“20～49岁”居民的体育健身服装鞋帽消费水平显著高于50岁以上居民，虽然50岁以上居民的体育健身参与率较高，但由于退休收入减少，导致他们在体育健身服装鞋帽方面不如“20～49岁”居民更加注重体育健身的品质，因此此项消费水平较低；“20～49岁”居民体育健身服装鞋帽消费不存在显著差异，主要是由于绝大部分体育健身服装鞋帽具有普通服装鞋帽的基本功能，而且很多二三十岁年轻人以运动服和运动鞋作为自己的日常服饰，造成虽然“20～39岁”居民体育健身活动参与率低于“40～49岁”居民，但此项消费水平比较高。

②体育健身器材消费。

不同年龄居民体育健身器材消费的均值见表4-3-8，“40～49岁”居民体育健身器材消费水平最高，“50~59岁以上”居民体育健身器材消费水平最低。

表4-3-8 不同年龄居民体育健身器材消费描述性分析

年龄（岁）	样本量	平均值	标准差	标准误
20～29	215	3.53	2.034	0.139
30～39	412	3.40	1.883	0.093
40～49	350	3.68	2.084	0.111
50～59	253	2.33	1.162	0.073
60及以上	154	2.55	0.886	0.071
合计或平均	1384	3.20	1.843	0.050

单因素方差分析结果显示，在5%的显著水平下，不同年龄居民体育健身器材消费存在显著性差异，见表4-3-9。

表4-3-9 不同年龄居民体育健身器材消费单因素方差分析

类别	平方和	自由度	均方	*F*	*Sig.*
组间	377.797	4	94.449	30.161	0
组内	4318.362	1379	3.132	—	—
合计	4696.159	1383	—	—	—

Scheffe法多重比较结果显示见表4-3-10，在5%的显著水平下，“20～49岁”居民体育健身器材消费水平显著高于50岁以上居民，“20～49岁”居民此项消费水平不存在显著性差异，50岁以上居民此项消费水平不存在显著性差异。

表4-3-10　不同年龄居民体育健身器材消费多重比较结果

分组	a	b	c	d	e
年龄	20～29岁	30～39岁	40～49岁	50～59岁	60岁及以上
平均值	3.53	3.40	3.68	2.33	2.55

注：事后多重比较结果为a>d，a>e，b>d，b>e，c>d，c>e。

“20～49岁”居民体育健身器材消费水平显著高于50岁以上居民，虽然50岁以上居民的体育健身参与率较高，但他们倾向使用公共健身场所的全民健身路径的健身器材，或是偏好散步、操类和舞蹈类等不需要昂贵健身器材的运动形式，导致他们体育健身器材消费较少。“20～49岁”居民体育健身器材消费水平较高，且不存在显著差异，可能是由于他们闲暇时间有限，选择了家庭用大型健身器材。

③体育健身报刊消费。

不同年龄居民体育健身报刊消费的均值见表4-3-11，“60岁及以上”居民体育健身报刊消费水平最高，“30～39岁”居民体育健身报刊消费水平最低。

表4-3-11　不同年龄居民体育健身报刊消费描述性分析

年龄（岁）	样本量	平均值	标准差	标准误
20～29	215	2.51	1.211	0.083
30～39	412	1.70	1.004	0.049
40～49	350	1.77	0.991	0.053
50～59	253	2.89	1.333	0.084
60及以上	154	3.22	1.200	0.097
合计或平均	1384	2.23	1.263	0.034

单因素方差分析结果显示，在5%的显著水平下，不同年龄居民体育健身报刊消费存在显著性差异，见表4-3-12。

表4-3-12 不同年龄居民体育健身报刊消费单因素方差分析

类别	平方和	自由度	均方	*F*	*Sig.*
组间	468.491	4	117.123	92.857	0
组内	1739.359	1379	1.261	—	—
合计	2207.850	1383	—	—	—

Scheffe法多重比较结果显示见表4-3-13，在5%的显著水平下，50岁以上居民体育健身报刊消费水平显著高于“20～49岁”居民，50岁以上居民此项消费水平不存在显著性差异，“30～49岁”居民此项消费水平不存在显著性差异。

表4-3-13 不同年龄居民体育健身报刊消费多重比较结果

分组	a	b	c	d	e
年龄	20～29岁	30～39岁	40～49岁	50～59岁	60岁及以上
平均值	2.51	1.70	1.77	2.89	3.22

注：事后多重比较结果为a>b，a>c，d>a，d>b，d>c，e>a，e>b，e>c。

“60岁及以上”和“50～59岁”年龄段居民体育健身报刊消费水平位于前两位，且显著高于其他年龄段居民，可能是由于阅读习惯造成的，50岁以上居民更习惯通过纸质媒体等传统阅读方式获取信息，也包括体育健身信息，而其他年龄段居民更习惯通过手机、电脑等新媒体方式获取体育健身信息。“20～29岁”居民体育报刊消费水平位于第3位，且显著高于“30～49岁”居民，可能与年轻人更喜爱印刷精美的健身时尚杂志有关。

④体育健身营养食品消费。

不同年龄居民体育健身营养食品消费均值见表4-3-14，“40～49岁”居民体育健身营养食品消费水平最高，“60岁及以上”居民体育健身营养食品消费水平最低。

表4-3-14 不同年龄居民体育健身营养食品消费描述性分析

年龄（岁）	样本量	平均值	标准差	标准误
20～29	215	3.81	1.745	0.116

续表

年龄（岁）	样本量	平均值	标准差	标准误
30～39	412	3.26	1.809	0.091
40～49	350	4.46	1.969	0.105
50～59	253	2.21	1.103	0.069
60及以上	154	2.08	0.942	0.076
合计或平均	1384	3.33	1.871	0.05

单因素方差分析结果显示，在5%的显著水平下，不同年龄居民体育健身营养食品消费存在显著性差异，见表4-3-15。

表4-3-15　不同年龄居民体育健身营养食品消费单因素方差分析

类别	平方和	自由度	均方	*F*	*Sig.*
组间	1053.090	4	263.272	95.826	0
组内	3788.668	1379	2.747	—	—
合计	4841.757	1383	—	—	—

Scheffe法多重比较结果显示见表4-3-16，在5%的显著水平下，“20～29岁”年龄段居民体育健身营养食品消费水平显著高于“30～39岁”“50～59岁”和“60岁及以上”年龄段居民，“30～39岁”年龄段居民此项消费水平显著高于50岁以上居民，“40～49岁”年龄段居民此项消费水平显著高于其他年龄段居民，50岁以上居民此项消费水平不存在显著性差异。

表4-3-16　不同年龄居民体育健身营养食品消费多重比较结果

分组	a	b	c	d	e
年龄	20～29岁	30～39岁	40～49岁	50～59岁	60岁及以上
平均值	3.81	3.26	4.46	2.21	2.08

注：事后多重比较结果为a>b，a>d，a>e，b>d，b>e，c>a，c>b，c>d，c>e。

“40～49岁”年龄段居民体育健身营养食品消费水平最高，且显著高于其他年龄段居民。可能是由于这个年龄段居民体育健身参与率比较高，而且相较于其他年龄段居民收入水平较高，科学健身意识更强，更加追求体育健身品质。“20～29岁”和“30～39岁”居民此项消费水平位于第2位和第3位，这可能与他们年轻，追求时尚生活有关，很多年轻人即使不健身，也比较偏爱脉动、红牛等功能性饮料。50岁以上居民即使参与体育健身运动，但受收入不高与消费观念比较保守的影响，此项消费水平较低。

（2）不同学历居民体育健身实物性消费差异。

①体育健身服装鞋帽消费。

不同学历居民体育健身服装鞋帽消费的均值见表4-3-17，学历越高，体育健身服装鞋帽消费均值越高。

表4-3-17　不同学历居民体育健身服装鞋帽消费描述性分析

学历	样本量	平均值	标准差	标准误
初中及以下	267	4.37	2.510	0.154
高中/技校/中专	338	4.57	2.324	0.127
本科/大专/高职	631	4.89	2.327	0.093
研究生	148	5.66	2.517	0.207
合计或平均	1384	4.79	2.409	0.065

单因素方差分析结果显示，在5%的显著水平下，不同学历居民体育健身服装鞋帽消费存在显著性差异，见表4-3-18。

表4-3-18　不同学历居民体育健身服装鞋帽消费单因素方差分析

类别	平方和	自由度	均方	*F*	*Sig.*
组间	183.940	3	61.313	10.793	0
组内	7839.783	1380	5.681	—	—
合计	8023.723	1383	—	—	—

Scheffe法多重比较结果显示见表4-3-19，在5%的显著水平下，“本科/大专/高职”学历居民的体育健身服装鞋帽消费水平显著高于“初中及以下”居民，“研究生”学历居民的体育健身服装鞋帽消费水平显著高于其

他学历水平的居民。数据显示，学历越高，体育健身服装鞋帽消费水平越高，这可能是学历越高收入水平越高造成的，也可能与学历越高体育健身运动参与率越高的因素有关。

表4-3-19　不同学历居民体育健身服装鞋帽消费多重比较结果

分组	a	b	c	d
学历	初中及以下	高中/技校/中专	本科/大专/高职	研究生
平均值	4.37	4.57	4.89	5.66

注：事后多重比较结果为c>a，d>a，d>b，d>c。

②体育健身器材消费。

不同学历居民体育健身器材消费的均值见表4-3-20，学历越高，体育健身器材消费均值越高。

表4-3-20　不同学历居民体育健身器材消费描述性分析

学历	样本量	平均值	标准差	标准误
初中及以下	267	2.59	1.680	0.103
高中/技校/中专	338	2.65	1.769	0.096
本科/大专/高职	631	3.39	1.593	0.063
研究生	148	4.75	2.204	0.181
合计或平均	1384	3.20	1.843	0.050

单因素方差分析结果显示，在5%的显著水平下，不同学历居民体育健身器材消费存在显著性差异，见表4-3-21。

表4-3-21　不同学历居民体育健身器材消费单因素方差分析

类别	平方和	自由度	均方	*F*	*Sig.*
组间	579.007	3	193.002	64.691	0
组内	4117.152	1380	2.983	—	—
合计	4696.159	1383	—	—	—

Scheffe法多重比较结果显示见表4-3-22，在5%的显著水平下，“本科/

大专/高职”学历居民的体育健身器材消费水平显著高于“初中及以下”和“高中/技校/中专”居民，“研究生”学历居民的体育健身器材消费水平显著高于其他学历的居民。关于不同学历居民在体育健身服装鞋帽消费方面呈现差异的原因也适用于解释体育健身器材的消费情况。

表4-3-22　不同学历居民体育健身器材消费多重比较结果

分组	a	b	c	d
学历	初中及以下	高中/技校/中专	本科/大专/高职	研究生
平均值	2.59	2.65	3.39	4.75

注：事后多重比较结果为c>a，c>b，d>a，d>b，d>c。

③体育健身报刊消费。

不同学历居民体育健身报刊消费的均值见表4-3-23，“初中及以下”学历居民体育健身报刊消费水平最高，“本科/大专/高职”学历居民体育健身报刊消费水平最低。

表4-3-23　不同学历居民体育健身报刊消费描述性分析

学历	样本量	平均值	标准差	标准误
初中及以下	267	2.37	1.374	0.084
高中/技校/中专	338	2.24	1.167	0.063
本科/大专/高职	631	2.14	1.235	0.050
研究生	148	2.30	1.373	0.113
合计或平均	1384	2.23	1.263	0.034

单因素方差分析结果显示，在5%的显著水平下，不同学历居民体育健身报刊消费不存在显著性差异，见表4-3-24。以手机、电脑为代表的新媒体作为一种互动性更强、传播速度更快的传播方式，获得了众多手机用户和网民的青睐，很多人通过新媒体获取体育健身的信息，智能手机和电脑在发达城市的各个阶层都比较普及，这是导致不同学历居民在体育报刊消费方面不存在差异的主要原因。

表4-3-24　不同学历居民体育健身报刊消费单因素方差分析

类别	平方和	自由度	均方	*F*	*Sig.*
组间	10.514	3	3.505	2.201	0.086
组内	2197.336	1380	1.592	—	—
合计	2207.850	1383	—	—	—

④体育健身营养食品消费。

不同学历居民体育健身营养食品消费的均值见表4-3-25，学历越高，体育健身营养食品消费均值越高。

表4-3-25　不同学历居民体育健身营养食品消费描述性分析

学历	样本量	平均值	标准差	标准误
初中及以下	267	2.23	1.345	0.82
高中/技校/中专	338	3.11	1.740	0.95
本科/大专/高职	631	3.48	1.763	0.070
研究生	148	5.17	1.900	0.156
合计或平均	1384	3.33	1.871	0.050

单因素方差分析结果显示，在5%的显著水平下，不同学历居民体育健身营养食品消费存在显著性差异，见表4-3-26。

表4-3-26　不同学历居民体育健身营养食品消费单因素方差分析

类别	平方和	自由度	均方	*F*	*Sig.*
组间	850.274	3	283.425	97.425	0
组内	3991.483	1380	2.892	—	—
合计	4841.757	1383	—	—	—

Scheffe法多重比较结果显示见表4-3-27，在5%的显著水平下，具有更高学历居民的体育健身营养食品消费水平显著高于低学历居民。数据显示，学历越高，体育健身营养食品消费水平越高，这是因为学历越高，收入水平越高，科学健身意识越强，体育健身参与率越高，导致此项消费水平越高。

表4-3-27 不同学历居民体育健身营养食品消费多重比较结果

分组	a	b	c	d
学历	初中及以下	高中/技校/中专	本科/大专/高职	研究生
平均值	2.23	3.11	3.48	5.17

注：事后多重比较结果为b>a，c>a，c>b，d>a，d>b，d>c。

（3）不同职业居民体育健身实物性消费差异。

①体育健身服装鞋帽消费。

不同职业居民体育健身服装鞋帽消费的均值见表4-3-28，“公司管理者”体育健身服装鞋帽消费水平最高，“离退休人员”体育健身服装鞋帽消费水平最低。

表4-3-28 不同职业居民体育健身服装鞋帽消费描述性分析

职业	样本量	平均值	标准差	标准误
国家公务员/事业单位人员	278	5.55	2.008	0.120
公司管理者	240	6.12	2.244	0.145
公司职员	396	4.26	2.172	0.109
学生	70	4.61	1.898	0.227
个体（私企）业主	129	5.32	3.138	0.275
离退休人员	182	2.86	1.593	0.118
其他	89	4.62	2.274	0.241
合计或平均	1384	4.79	2.409	0.065

单因素方差分析结果显示，在5%的显著水平下，不同职业居民体育健身服装鞋帽消费存在显著性差异，见表4-3-29。

表4-3-29 不同职业居民体育健身服装鞋帽消费单因素方差分析

类别	平方和	自由度	均方	*F*	*Sig.*
组间	1411.277	6	235.213	48.982	0
组内	6612.445	1377	4.802	—	—
合计	8023.723	1383	—	—	—

Scheffe法多重比较结果显示见表4-3-30，在5%的显著水平下，其他职业居民体育健身服装鞋帽消费水平显著高于“离退休人员”，“公务员/事业单位人员”“公司管理者”和“个体（私企）业主”此项消费水平不存在显著差异。

表4-3-30 不同职业居民体育健身服装鞋帽消费多重比较结果

分组	a	b	c	d	e	f	g
职业	公务员/事业单位人员	公司管理者	公司职员	学生	个体（私企）业主	离退休人员	其他
平均值	5.55	6.12	4.26	4.61	5.32	2.86	4.62

注：事后多重比较结果为a>c，a>f，b>c，b>d，b>f，b>g，c>f，d>f，e>c，e>f，g>f。

“公司管理者”“公务员/事业单位人员”和“个体（私企）业主”的体育健身服装鞋帽消费水平排在前3位，且三者之间不存在显著差异，主要是由于这三类职业通常收入水平较高，且需要受过良好教育才能胜任，健身意识较强，体育健身活动参与率较高，导致此项消费水平较高。

②体育健身器材消费。

不同职业居民体育健身器材消费的均值见表4-3-31，“公司管理者”体育健身器材消费水平最高，“学生”体育健身器材消费水平最低。

表4-3-31 不同职业居民体育健身器材消费描述性分析

职业	样本量	平均值	标准差	标准误
国家公务员/事业单位人员	278	4.03	1.661	0.100
公司管理者	240	4.21	2.166	0.140
公司职员	396	2.40	1.199	0.060
学生	70	1.87	0.700	0.084
个体（私企）业主	129	4.13	2.392	0.211
离退休人员	182	2.21	0.867	0.064
其他	89	3.20	1.660	0.176
合计或平均	1384	3.20	1.843	0.050

单因素方差分析结果显示，在5%的显著水平下，不同职业居民体育健

身器材消费存在显著性差异，见表4-3-32。

表4-3-32　不同职业居民体育健身器材消费单因素方差分析

类别	平方和	自由度	均方	*F*	*Sig.*
组间	1102.475	6	183.746	70.406	0
组内	3593.684	1377	2.610	—	—
合计	4696.159	1383	—	—	—

Scheffe法多重比较结果显示见表4-3-33，在5%的显著水平下，“公务员/事业单位人员”“公司管理者”和“个体（私企）业主”的体育健身器材消费水平显著高于“公司职员”“学生”“离退休人员”和“其他”职业居民，“公务员/事业单位人员”“公司管理者”和“个体（私企）业主”此项消费水平不存在显著差异。

表4-3-33　不同职业居民体育健身器材消费多重比较结果

分组	a	b	c	d	e	f	g
职业	公务员/事业单位人员	公司管理者	公司职员	学生	个体（私企）业主	离退休人员	其他
平均值	4.03	4.21	2.40	1.87	4.13	2.21	3.20

注：事后多重比较结果为a>c，a>d，a>f，a>g，b>c，b>d，b>f，b>g，e>c，e>d，e>f，e>g，g>c，g>f。

③体育健身报刊消费。

不同职业居民体育健身报刊消费均值见表4-3-34，“离退休人员”体育健身报刊消费水平最高，“学生”体育健身报刊消费水平最低。

表4-3-34　不同职业居民体育健身报刊消费描述性分析

职业	样本量	平均值	标准差	标准误
国家公务员/事业单位人员	278	2.17	1.186	0.071
公司管理者	240	2.45	1.266	0.082
公司职员	396	1.82	1.061	0.053
学生	70	1.67	0.863	0.103
个体（私企）业主	129	2.28	1.275	0.112

续表

职业	样本量	平均值	标准差	标准误
离退休人员	182	3.26	1.183	0.88
其他	89	1.88	1.397	0.148
合计或平均	1384	2.23	1.263	0.034

单因素方差分析结果显示，在5%的显著水平下，不同职业居民体育健身报刊消费存在显著性差异，见表4-3-35。

表4-3-35　不同职业居民体育健身报刊消费单因素方差分析

类别	平方和	自由度	均方	*F*	*Sig.*
组间	306.194	6	51.032	36.953	0
组内	1901.656	1377	1.381	—	—
合计	2207.850	1383	—	—	—

Scheffe法多重比较结果显示见表4-3-36，在5%的显著水平下，“离退休人员”的体育健身报刊消费水平显著高于其他职业居民，“公务员/事业单位人员”“公司管理者”和“个体（私企）业主”此项消费水平不存在显著差异。“离退休人员”的体育健身报刊消费水平显著高于其他职业人员，主要是获取信息途径的不同造成的，他们更习惯于通过传统纸质媒体获取各类信息，当然也包括体育健身信息。“公司管理者”的体育健身报刊消费水平显著高于“学生”和“其他”职业居民，可能是收入水平差异造成的。

表4-3-36　不同职业居民体育健身报刊消费多重比较结果

分组	a	b	c	d	e	f	g
职业	公务员/事业单位人员	公司管理者	公司职员	学生	个体（私企）业主	离退休人员	其他
平均值	2.17	2.45	1.82	1.67	2.28	3.26	1.88

注：事后多重比较结果为a>c，b>c，b>d，b>g，e>c，g>c，g>d。

④体育健身营养食品消费。

不同职业居民体育健身营养食品消费的均值见表4-3-37，“公司管理者”体育健身营养食品消费水平最高，“离退休人员”体育健身营养食品消费水平最低。

表4-3-37　不同职业居民体育健身营养食品消费描述性分析

职业	样本量	平均值	标准差	标准误
国家公务员/事业单位人员	278	4.06	2.046	0.123
公司管理者	240	4.39	1.978	0.128
公司职员	396	2.56	1.238	0.062
学生	70	3.11	0.692	0.083
个体（私企）业主	129	3.84	2.216	0.194
离退休人员	182	2.13	1.051	0.078
其他	89	3.49	1.908	0.202
合计或平均	1384	3.33	1.871	0.050

单因素方差分析结果显示，在5%的显著水平下，不同职业居民体育健身营养食品消费存在显著性差异，见表4-3-38。

表4-3-38　不同职业居民体育健身营养食品消费单因素方差分析

类别	平方和	自由度	均方	*F*	*Sig.*
组间	959.045	6	159.841	56.687	0
组内	3882.712	1377	2.820	—	—
合计	4841.757	1383	—	—	—

Scheffe法多重比较结果显示见表4-3-39，在5%的显著水平下，除“公司职员”外，其他职业居民体育健身营养食品消费水平显著高于“离退休人员”，“公务员/事业单位人员”“公司管理者”“个体（私企）业主”和“其他”职业居民此项消费水平不存在显著差异。

表4-3-39 不同职业居民体育健身营养食品消费多重比较结果

分组	a	b	c	d	e	f	g
职业	公务员/事业单位人员	公司管理者	公司职员	学生	个体（私企）业主	离退休人员	其他
平均值	4.06	4.39	2.56	3.11	3.84	2.13	3.49

注：事后多重比较结果为a>c，a>d，a>f，b>c，b>d，b>f，d>f，e>c，e>f，g>c，g>f。

（4）不同可支配收入居民体育健身实物性消费差异。

①体育健身服装鞋帽消费。

不同可支配收入居民体育健身服装鞋帽消费均值见表4-3-40，可支配收入水平越高，体育健身服装鞋帽消费的均值越高。

表4-3-40 不同可支配收入居民体育健身服装鞋帽消费描述性分析

可支配收入（元）	样本量	平均值	标准差	标准误
2000以下	181	2.66	1.301	0.097
2001～3000	149	3.65	2.159	0.177
3001～4000	283	3.96	1.873	0.111
4001～5000	357	5.11	2.116	0.112
5001～6000	140	6.09	2.083	0.176
6001～7000	119	6.21	2.442	0.224
7000以上	155	6.59	2.122	0.170
合计或平均	1384	4.79	2.409	0.065

单因素方差分析结果显示，在5%的显著水平下，不同可支配收入居民体育健身服装鞋帽消费存在显著性差异，见表4-3-41。

表4-3-41 不同可支配收入居民体育健身服装鞋帽消费单因素方差分析

类别	平方和	自由度	均方	*F*	*Sig.*
组间	2445.355	6	407.559	100.605	0
组内	5578.368	1377	4.051	—	—
合计	8023.723	1383	—	—	—

Scheffe法多重比较结果显示见表4-3-42，在5%的显著水平下，高可支配收入居民体育健身器材消费水平显著高于低可支配收入居民。可支配收入水平越高，体育健身服装鞋帽消费水平越高，可能是因为可支配收入越高，体育健身意识越强，导致体育健身运动的参与率越高，购买的体育健身服装鞋帽的数量越多，种类越丰富。而且，可支配收入水平越高，越可能选择高档的体育健身服装鞋帽，以提升消费品质，导致消费水平提高。

表4-3-42 不同可支配收入居民体育健身服装鞋帽消费多重比较结果

分组	a	b	c	d	e	f	g
可支配收入	2000以下	2001～3000	3001～4000	4001～5000	5001～6000	6001～7000	7001以上
平均值	2.66	3.65	3.96	5.11	6.09	6.21	6.59

注：事后多重比较结果为b>a，c>a，c>b，d>a，d>b，d>c，e>a，e>b，e>c，e>d，f>a，f>b，f>c，f>d，g>a，g>b，g>c，g>d，g>e。

②体育健身器材消费。

不同可支配收入居民体育健身器材消费均值见表4-3-43，可支配收入水平越高，体育健身器材消费的均值越高。

表4-3-43 不同可支配收入居民体育健身器材消费描述性分析

可支配收入（元）	样本量	平均值	标准差	标准误
2000以下	181	1.72	0.530	0.039
2001～3000	149	2.15	0.985	0.081
3001～4000	283	2.38	1.059	0.063
4001～5000	357	3.10	1.502	0.080
5001～6000	140	4.55	1.727	0.146
6001～7000	119	4.71	1.909	0.168
7000以上	155	5.34	1.923	0.160
合计或平均	1384	3.20	1.843	0.050

单因素方差分析结果显示，在5%的显著水平下，不同可支配收入居民体育健身器材消费存在显著性差异，见表4-3-44。

表4-3-44　不同可支配收入居民体育健身器材消费单因素方差分析

类别	平方和	自由度	均方	*F*	*Sig.*
组间	1968.488	6	328.081	165.624	0
组内	2727.671	1377	1.981	—	—
合计	696.159	1383	—	—	—

Scheffe法多重比较结果显示见表4-3-45，在5%的显著水平下，高可支配收入居民体育健身器材消费水平显著高于低可支配收入居民。可支配收入水平越高，体育健身器材消费水平越高，以上解释体育健身服装鞋帽消费水平的原因也适用于解释体育健身器材的购买情况。另外，可支配收入水平越高，越可能购买大型或价格较昂贵的健身器材，而低可支配收入者往往购买小型、价格低廉的健身器材。

表4-3-45　不同可支配收入居民体育健身器材消费多重比较结果

分组	a	b	c	d	e	f	g
可支配收入	2000以下	2001～3000	3001～4000	4001～5000	5001～6000	6001～7000	7001以上
平均值	1.72	2.15	2.38	3.10	4.55	4.71	5.34

注：事后多重比较结果为b>a，c>a，c>b，d>a，d>b，d>c，e>a，e>b，e>c，e>d，f>a，f>b，f>c，f>d，g>a，g>b，g>c，g>d，g>e，g>f。

③体育健身报刊消费。

不同可支配收入居民体育健身报刊消费均值见表4-3-46，可支配收入为“5001～6000元”居民的体育健身报刊消费水平最高，可支配收入水平为“2000元以下”居民的此项消费水平最低。

表4-3-46　不同可支配收入居民体育健身报刊消费描述性分析

可支配收入（元）	样本量	平均值	标准差	标准误
2000以下	181	1.83	1.277	0.095
2001～3000	149	2.02	1.265	0.104
3001～4000	283	2.42	1.270	0.076
4001～5000	357	2.23	1.188	0.063

续表

可支配收入（元）	样本量	平均值	标准差	标准误
5001～6000	140	2.64	1.206	0.102
6001～7000	119	2.18	1.315	0.121
7000以上	155	2.21	1.257	0.101
合计或平均	1384	2.23	1.263	0.034

单因素方差分析结果显示，在5%的显著水平下，不同可支配收入居民体育健身报刊消费存在显著性差异，见表4-3-47。

表4-3-47 不同可支配收入居民体育健身报刊消费单因素方差分析

类别	平方和	自由度	均方	*F*	*Sig.*
组间	70.167	6	11.695	7.533	0
组内	2137.682	1377	1.552	—	—
合计	2207.850	1383	—	—	—

Scheffe法多重比较结果显示见表4-3-48，在5%的显著水平下，可支配收入为“3000元以下”居民此项消费水平不存在显著性差异；可支配收入为“3000元以上”居民此项消费水平不存在显著性差异。

表4-3-48 不同可支配收入居民体育健身报刊消费多重比较结果

分组	a	b	c	d	e	f	g
可支配收入	2000以下	2001～3000	3001～4000	4001～5000	5001～6000	6001～7000	7001以上
平均值	1.83	2.02	2.42	2.23	2.64	2.18	2.21

注：事后多重比较结果为c>a，e>a，e>b。

④体育健身营养食品消费。

不同可支配收入居民体育健身营养食品消费均值见表4-3-49，可支配收入水平越高，体育健身营养食品消费水平越高。

表4-3-49　不同可支配收入居民体育健身营养食品消费描述性分析

可支配收入（元）	样本量	平均值	标准差	标准误
2000以下	181	1.76	0.756	0.056
2001～3000	149	1.89	0.539	0.044
3001～4000	283	2.19	0.668	0.040
4001～5000	357	3.48	1.389	0.074
5001～6000	140	4.83	1.779	0.150
6001～7000	119	5.00	2.033	0.186
7000以上	155	5.64	1.516	0.122
合计或平均	1384	3.33	1.871	0.050

单因素方差分析结果显示，在5%的显著水平下，不同可支配收入居民体育健身营养食品消费存在显著性差异，见表4-3-50。

表4-3-50　不同可支配收入居民体育健身营养食品消费单因素方差分析

类别	平方和	自由度	均方	*F*	*Sig.*
组间	2599.529	6	433.255	266.071	0
组内	2242.228	1377	1.628	—	—
合计	4841.757	1383	—	—	—

Scheffe法多重比较结果显示见表4-3-51，在5%的显著水平下，高可支配收入居民体育健身营养食品消费水平显著高于低可支配收入居民；可支配收入为“4000元以下”居民此项消费不存在差异，可支配收入为“5001～7000元”居民此项消费不存在差异。以上数据显示，可支配收入水平越高，体育健身营养食品消费水平越高，原因一是可能是可支配收入越高，体育健身参与率越高，原因二可能是可支配收入越高，科学健身意识越强，此项消费水平越高。

表4-3-51　不同可支配收入居民体育健身营养食品消费多重比较结果

分组	a	b	c	d	e	f	g
可支配收入	2000以下	2001～3000	3001～4000	4001～5000	5001～6000	6001～7000	7001以上

续表

分组	a	b	c	d	e	f	g
平均值	1.76	1.89	2.19	3.48	4.83	5.00	5.64

注：事后多重比较结果为d>a，d>b，d>c，e>a，e>b，e>c，e>d，f>a，f>b，f>c，f>d，g>a，g>b，g>c，g>d，g>e，g>f。

（5）拥有不同闲暇时间的居民体育健身实物消费差异。

①体育健身服装鞋帽消费。

不同闲暇时间居民体育健身服装鞋帽消费均值见表4-3-52，闲暇时间为“2～3 h”居民体育健身服装鞋帽消费水平最高，闲暇时间为“5 h以上”居民此项消费水平最低。

表4-3-52 不同闲暇时间居民体育健身服装鞋帽消费描述性分析

闲暇时间（h）	样本量	平均值	标准差	标准误
2 以下	199	4.86	2.609	0.185
2～3	398	4.90	2.500	0.125
3～4	357	4.85	2.435	0.129
4～5	247	4.72	2.380	0.151
5 以上	183	4.48	1.912	0.141
合计或平均	1384	4.79	2.409	0.065

单因素方差分析结果显示，在5%的显著水平下，不同闲暇时间居民体育健身服装鞋帽消费不存在显著性差异，见表4-3-53，表明闲暇时间对体育健身服装鞋帽消费水平没有影响。

表4-3-53 不同闲暇时间居民体育健身服装鞋帽消费单因素方差分析

类别	平方和	自由度	均方	*F*	*Sig.*
组间	25.801	4	6.450	1.112	0.349
组内	7997.921	1379	5.800	—	—
合计	8023.723	1383	—	—	—

②体育健身器材消费。

不同闲暇时间居民体育健身器材消费均值见表4-3-54，闲暇时间为“2 h以下”居民体育健身器材消费水平最高，闲暇时间为“2 ~ 3 h”居民此项消费水平最低。

表4-3-54　不同闲暇时间居民体育健身器材消费描述性分析

闲暇时间（h）	样本量	平均值	标准差	标准误
2 以下	199	3.43	2.085	0.148
2 ~ 3	398	3.07	1.814	0.091
3 ~ 4	357	3.24	1.675	0.089
4 ~ 5	247	3.08	1.863	0.119
5 以上	183	3.34	1.894	0.140
合计或平均	1384	3.20	1.843	0.050

单因素方差分析结果显示，在5%的显著水平下，不同闲暇时间居民体育健身器材消费不存在显著性差异，见表4-3-55，表明闲暇时间对体育健身器材消费没有影响。可能是由于健身器材种类繁多，功能各异，价格差异较大。闲暇时间较少的居民，可以购买家庭用健身器材，如跑步机，在家健身以节省路途时间；闲暇时间较多的居民可以购买户外健身器材，如越野自行车，选择户外运动。

表4-3-55　不同闲暇时间居民体育健身器材消费单因素方差分析

类别	平方和	自由度	均方	*F*	*Sig.*
组间	24.667	4	6.167	1.820	0.122
组内	4671.492	1379	3.388	—	—
合计	4696.159	1383	—	—	—

③体育健身报刊消费。

不同闲暇时间居民体育健身报刊消费均值见表4-3-56，闲暇时间为“2 ~ 3 h”居民体育健身报刊消费水平最高，闲暇时间为“3 ~ 4 h”居民此项消费水平最低。

表4-3-56 不同闲暇时间居民体育健身报刊消费描述性分析

闲暇时间（h）	样本量	平均值	标准差	标准误
2 以下	199	2.14	1.185	0.084
2～3	398	2.33	1.250	0.063
3～4	357	2.12	1.231	0.065
4～5	247	2.26	1.273	0.081
5 以上	183	2.27	1.407	0.104
合计或平均	1384	2.23	1.263	0.034

单因素方差分析结果显示，在5%的显著水平下，不同闲暇时间居民体育健身报刊消费不存在显著性差异，见表4-3-57，表明闲暇时间对体育健身报刊消费没有影响。

表4-3-57 不同闲暇时间居民体育健身报刊消费单因素方差分析

类别	平方和	自由度	均方	*F*	*Sig.*
组间	10.905	4	2.726	1.711	0.145
组内	2196.944	1379	1.593	—	—
合计	2207.850	1383	—	—	—

④体育健身营养食品消费。

不同闲暇时间居民体育健身营养食品消费均值见表4-3-58，闲暇时间为“3～4 h”居民体育健身营养食品消费水平最高，闲暇时间为“5 h以上”居民此项消费水平最低。

表4-3-58 不同闲暇时间居民体育健身营养食品消费描述性分析

闲暇时间（h）	样本量	平均值	标准差	标准误
2以下	199	3.13	1.806	0.128
2～3	398	3.25	1.884	0.094
3～4	357	3.76	1.828	0.097
4～5	247	3.21	1.885	0.120
5以上	183	3.05	1.858	0.137

续表

闲暇时间（h）	样本量	平均值	标准差	标准误
合计或平均	1384	3.33	1.871	0.050

单因素方差分析结果显示，在5%的显著水平下，不同闲暇时间居民体育健身营养食品消费存在显著性差异，见表4-3-59。

表4-3-59　不同闲暇时间居民体育健身营养食品消费单因素方差分析

类别	平方和	自由度	均方	*F*	*Sig.*
组间	94.714	4	23.678	6.878	0
组内	4747.044	1379	3.442	—	—
合计	4841.757	1383	—	—	—

Scheffe法多重比较结果显示见表4-3-60，在5%的显著水平下，闲暇时间为“3～4 h”居民的体育健身营养食品消费水平显著高于其他闲暇时间居民，其他闲暇时间居民此项消费水平不存在显著性差异。

表4-3-60　不同闲暇时间居民体育健身营养食品消费多重比较结果

分组	a	b	c	d	e
闲暇时间（h）	2以下	2～3	3～4	4～5	5以上
平均值	3.13	3.25	3.76	3.21	3.05

注：事后多重比较结果为c>a，c>b，c>d，c>e。

（6）具有不同运动能力的居民体育健身实物性消费差异。

①体育健身服装鞋帽消费。

不同运动能力居民体育健身服装鞋帽消费均值见表4-3-61，运动能力“非常强”的居民体育健身服装鞋帽消费水平最高，运动能力“非常弱”的居民此项消费水平最低。

表4-3-61　不同运动能力居民体育健身服装鞋帽消费描述性分析

运动能力	样本量	平均值	标准差	标准误
非常强	177	5.90	2.381	0.179

续表

运动能力	样本量	平均值	标准差	标准误
比较强	273	5.22	2.395	0.145
一般	233	5.07	2.341	0.153
比较弱	482	4.30	2.338	0.106
非常弱	219	4.17	2.224	0.150
合计或平均	1384	4.79	2.409	0.065

单因素方差分析结果显示，在5%的显著水平下，不同运动能力居民体育健身服装鞋帽消费存在显著性差异，见表4-3-62。

表4-3-62　不同运动能力居民体育健身服装鞋帽消费单因素方差分析

类别	平方和	自由度	均方	*F*	*Sig.*
组间	485.416	4	121.354	22.200	0
组内	7538.307	1379	5.467	—	—
合计	8023.723	1383	—	—	—

Scheffe法多重比较结果显示见表4-3-63，在5%的显著水平下，自认为运动能力“非常强”和“比较强”的居民体育健身服装鞋帽消费水平显著高于运动能力“比较弱”和“非常弱”的居民；运动能力“非常强”和“比较强”的居民的体育健身服装鞋帽消费水平不存在显著性差异，运动能力“非常弱”和“比较弱”居民的体育健身服装鞋帽消费水平也不存在显著性差异。数据表明，缺乏科学健身知识与运动技能是影响居民体育健身服装鞋帽消费的因素，居民掌握的健身知识越多，运动技能越强，即运动能力越强，越愿意参与体育健身运动（即人们通常愿意参与自己擅长的活动），体育健身服装鞋帽的消费水平越高。

表4-3-63　不同运动能力居民体育健身服装鞋帽消费多重比较结果

分组	a	b	c	d	e
运动能力	非常强	比较强	一般	比较弱	非常弱
平均值	5.90	5.22	5.07	4.30	4.17

注：事后多重比较结果为a>c，a>d，a>e，b>d，b>e，c>d。

②体育健身器材消费。

不同运动能力居民体育健身器材消费均值见表4-3-64，自认为运动能力“非常强”的居民体育健身器材消费水平最高，自认为运动能力“非常弱”的居民此项消费水平最低。

表4-3-64　不同运动能力居民体育健身器材消费描述性分析

运动能力	样本量	平均值	标准差	标准误
非常强	177	4.34	1.965	0.148
比较强	273	3.49	1.982	0.120
一般	233	3.21	1.938	0.127
比较弱	482	2.80	1.536	0.070
非常弱	219	2.78	1.623	0.110
合计或平均	1384	3.20	1.843	0.050

单因素方差分析结果显示，在5%的显著水平下，不同运动能力居民体育健身器材消费存在显著性差异，见表4-3-65。

表4-3-65　不同运动能力居民体育健身器材消费单因素方差分析

类别	平方和	自由度	均方	*F*	*Sig.*
组间	368.673	4	92.168	29.370	0
组内	4327.486	1379	3.138	—	—
合计	4696.159	1383	—	—	—

Scheffe法多重比较结果显示见表4-3-66，在5%的显著水平下，自认为运动能力“非常强”的居民的体育健身器材消费水平显著高于其他居民；自认为运动能力“比较强”的居民的体育健身器材消费水平显著高于自认为运动能力“比较弱”和“非常弱”的居民；自认为运动能力“一般”“比较弱”和“非常弱”的居民体育健身器材消费水平不存在显著性差异。数据表明，缺乏科学健身知识与运动技能是影响居民体育健身器材消费的因素。以上说明体育健身服装鞋帽消费情况的原因也适用于解释体育健身器材的消费情况。

表4-3-66 不同运动能力居民体育健身器材消费多重比较结果

分组	a	b	c	d	e
运动能力	非常强	比较强	一般	比较弱	非常弱
平均值	4.34	3.49	3.21	2.80	2.78

注：事后多重比较结果为a>b，a>c，a>d，a>e，b>d，b>e。

③体育健身报刊消费。

不同运动能力居民体育健身报刊消费均值见表4-3-67，自认为运动能力“非常强”的居民体育健身报刊消费水平最高，自认为运动能力“非常弱”的居民此项消费水平最低。

表4-3-67 不同运动能力居民体育健身报刊消费描述性分析

运动能力	样本量	平均值	标准差	标准误
非常强	177	3.20	1.231	0.093
比较强	273	2.55	1.322	0.080
一般	233	2.44	1.184	0.078
比较弱	482	1.82	1.075	0.049
非常弱	219	1.73	1.053	0.071
合计或平均	1384	2.23	1.263	0.034

单因素方差分析结果显示，在5%的显著水平下，不同运动能力居民体育健身报刊消费存在显著性差异，见表4-3-68。

表4-3-68 不同运动能力居民体育健身报刊消费单因素方差分析

类别	平方和	自由度	均方	*F*	*Sig.*
组间	342.651	4	85.663	63.333	0
组内	1865.199	1379	1.353	—	—
合计	2207.850	1383	—	—	—

Scheffe法多重比较结果显示见表4-3-69，在5%的显著水平下，自认为运动能力“非常强”的居民的体育健身报刊消费水平显著高于其他居

民，自认为运动能力“比较强”和“一般”的居民的体育健身报刊消费水平显著高于自认为运动能力“比较弱”和“非常弱”的居民，自认为运动能力“比较弱”和“非常弱”的居民体育健身报刊消费水平不存在显著性差异。阅读体育健身报刊能够增强体育健身知识与健身技能，提高运动能力，从某种程度上而言，较强的运动能力是体育健身报刊消费的结果。

表4-3-69　不同运动能力居民体育健身报刊消费多重比较结果

分组	a	b	c	d	e
运动能力	非常强	比较强	一般	比较弱	非常弱
平均值	3.20	2.55	2.44	1.82	1.73

注：事后多重比较结果为a>b，a>c，a>d，a>e，b>d，b>e，c>d，c>e。

④体育健身营养食品消费。

不同运动能力居民体育健身营养食品消费均值见表4-3-70，自认为运动能力“非常强”的居民体育健身营养食品消费水平最高，自认为运动能力“非常弱”的居民此项消费水平最低。

表4-3-70　不同运动能力居民体育健身营养食品消费描述性分析

运动能力	样本量	平均值	标准差	标准误
非常强	177	4.01	2.132	0.160
比较强	273	3.93	1.960	0.119
一般	233	3.34	1.977	0.129
比较弱	482	2.96	1.558	0.071
非常弱	219	2.83	1.685	0.114
合计或平均	1384	3.33	1.871	0.050

单因素方差分析结果显示，在5%的显著水平下，不同运动能力居民体育健身营养食品消费存在显著性差异，见表4-3-71。

表4-3-71　不同运动能力居民体育健身营养食品消费单因素方差分析

类别	平方和	自由度	均方	*F*	*Sig.*
组间	303.601	4	75.900	23.064	0

续表

类别	平方和	自由度	均方	*F*	*Sig.*
组内	4538.157	1379	3.291	—	—
合计	4841.757	1383	—	—	—

Scheffe法多重比较结果显示见表4-3-72，在5%的显著水平下，自认为运动能力“非常强”和“比较强”的居民的体育健身营养食品消费水平显著高于其他居民，自认为运动能力“一般”“比较弱”和“非常弱”的居民的体育健身营养食品消费水平不存在显著性差异。人们掌握的体育健身知识越多，科学健身意识越强。掌握的运动技能种类越多、能力越强，越愿意参与体育健身运动，体育健身营养食品消费水平越高。

表4-3-72　不同运动能力居民体育健身营养食品消费多重比较结果

分组	a	b	c	d	e
运动能力	非常强	比较强	一般	比较弱	非常弱
平均值	4.01	3.93	3.34	2.96	2.83

注：事后多重比较结果为a>c，a>d，a>e，b>c，b>d，b>e。

（7）不同家庭生命周期居民体育健身实物性消费差异。

①体育健身服装鞋帽消费。

不同家庭生命周期居民体育健身服装鞋帽消费均值见表4-3-73，“无巢期”的居民体育健身服装鞋帽消费水平最高，“空巢期”的居民此项消费水平最低。

表4-3-73　不同家庭生命周期居民体育健身服装鞋帽消费描述性分析

家庭生命周期	样本量	平均值	标准差	标准误
无巢期	151	5.83	2.346	0.191
筑巢期	192	5.13	2.324	0.168
满巢1期	163	4.37	2.138	0.167
满巢2期	186	4.52	2.003	0.147
满巢3期	171	5.33	2.564	0.196

续表

家庭生命周期	样本量	平均值	标准差	标准误
满巢4期	176	5.80	2.362	0.178
满巢5期	165	4.35	2.163	0.168
空巢期	180	3.14	2.174	0.162
合计或平均	1384	4.79	2.409	0.065

单因素方差分析结果显示，在5%的显著水平下，不同家庭生命周期居民体育健身服装鞋帽消费存在显著性差异，见表4-3-74。

表4-3-74　不同家庭生命周期居民体育健身服装鞋帽消费单因素方差分析

类别	平方和	自由度	均方	*F*	*Sig.*
组间	975.972	7	139.425	27.221	0
组内	7047.750	1376	5.122	—	—
合计	8023.723	1383	—	—	—

Scheffe法多重比较结果显示见表4-3-75，在5%的显著水平下，其他家庭生命周期居民的体育健身服装鞋帽消费水平显著高于“空巢期”居民，“无巢期”和“满巢4期”居民此项消费水平显著高于“满巢1期”“满巢2期”“满巢5期”和“空巢期”居民，“无巢期”“满巢3期”和“满巢4期”居民此项消费水平没有显著性差异，“筑巢期”“满巢1期”和“满巢2期”居民此项消费水平没有显著性差异。

表4-3-75　不同家庭生命周期居民体育健身服装鞋帽消费多重比较结果

分组	a	b	c	d	e	f	g	h
家庭生命周期	无巢期	筑巢期	满巢1期	满巢2期	满巢3期	满巢4期	满巢5期	空巢期
平均值	5.83	5.13	4.37	4.52	5.33	5.80	4.35	3.14

注：事后多重比较结果为a>c，a>d，a>g，a>h，b>h，c>h，d>h，e>c，e>g，e>h，f>c，f>d，f>g，f>h，g>h。

②体育健身器材消费。

不同家庭生命周期居民体育健身器材消费均值见表4-3-76，“满巢4期”居民体育健身器材消费水平最高，“空巢期”的居民此项消费水平最低。

表4-3-76 不同家庭生命周期居民体育健身器材消费描述性分析

家庭生命周期	样本量	平均值	标准差	标准误
无巢期	151	3.89	1.889	0.154
筑巢期	192	3.02	1.634	0.118
满巢1期	163	2.75	1.569	0.123
满巢2期	186	3.00	1.677	0.123
满巢3期	171	4.04	1.870	0.143
满巢4期	176	4.18	1.976	0.149
满巢5期	165	2.71	1.877	0.146
空巢期	180	2.13	1.121	0.084
合计或平均	1384	3.20	1.843	0.050

单因素方差分析结果显示，在5%的显著水平下，不同家庭生命周期居民体育健身器材消费存在显著性差异，见表4-3-77。

表4-3-77 不同家庭生命周期居民体育健身器材消费单因素方差分析

类别	平方和	自由度	均方	*F*	*Sig.*
组间	651.379	7	93.054	31.656	0
组内	4044.779	1376	2.940	—	—
合计	4696.159	1383	—	—	—

Scheffe法多重比较结果显示见表4-3-78，在5%的显著水平下，“无巢期”“满巢3期”和“满巢4期”居民体育健身器材消费水平显著高于其他家庭生命周期居民，“无巢期”“满巢3期”和“满巢4期”居民此项消费水平没有显著差异，“筑巢期”“满巢1期”和“满巢2期”和“满巢5期”居民此项消费水平没有显著性差异。

表4-3-78 不同家庭生命周期居民体育健身器材消费多重比较结果

分组	a	b	c	d	e	f	g	h
家庭生命周期	无巢期	筑巢期	满巢1期	满巢2期	满巢3期	满巢4期	满巢5期	空巢期
平均值	3.89	3.02	2.75	3.00	4.04	4.18	2.71	2.14

注：事后多重比较结果为a>b，a>c，a>d，a>g，a>h，b>h，d>h，e>b，e>c，e>d，e>g，e>h，f>b，f>c，f>d，f>g，f>h。

③体育健身报刊消费。

不同家庭生命周期居民体育健身报刊消费均值见表4-3-79，“空巢期”居民体育健身报刊消费水平最高，“满巢1期”的居民此项消费水平最低。

表4-3-79 不同家庭生命周期居民体育健身报刊消费描述性分析

家庭生命周期	样本量	平均值	标准差	标准误
无巢期	151	2.02	1.293	0.105
筑巢期	192	1.93	1.152	0.082
满巢1期	163	1.85	1.055	0.083
满巢2期	186	1.97	1.180	0.087
满巢3期	171	1.98	1.135	0.087
满巢4期	176	2.20	1.230	0.093
满巢5期	165	2.89	1.262	0.100
空巢期	180	3.01	1.237	0.092
合计或平均	1384	2.23	1.263	0.034

单因素方差分析结果显示，在5%的显著水平下，不同家庭生命周期居民体育健身报刊消费存在显著性差异，见表4-3-80。

表4-3-80 不同家庭生命周期居民体育健身报刊消费单因素方差分析

类别	平方和	自由度	均方	*F*	*Sig.*
组间	247.967	7	35.424	24.870	0
组内	1959.883	1376	1.424	—	—
合计	2207.850	1383	—	—	—

Scheffe法多重比较结果显示见表4-3-81，在5%的显著水平下，“满巢5期”和“空巢期”居民体育健身报刊消费水平显著高于其他家庭生命周期居民，“满巢5期”和“空巢期”居民此项消费水平没有显著的差异，“无巢期”“筑巢期”“满巢1期”“满巢2期”“满巢3期”和“满巢4期”居民此项消费水平没有显著性差异。“满巢5期”和“空巢期”居民体育健身报刊消费水平显著高于其他家庭生命周期居民，这可能主要与居民体育健身型信息获取途径有关，处于这两个阶段的居民一般年龄较大，习惯通过传统纸质媒体获取信息，也包括体育健身信息，而其他阶段居民可能更习惯通过手机、电脑等移动终端获取信息。

表4-3-81　不同家庭生命周期居民体育健身报刊消费多重比较结果

分组	a	b	c	d	e	f	g	h
家庭生命周期	无巢期	筑巢期	满巢1期	满巢2期	满巢3期	满巢4期	满巢5期	空巢期
平均值	2.02	1.93	1.85	1.97	1.98	2.20	2.89	3.01

注：事后多重比较结果为g>a，g>b，g>c，g>d，g>e，g>f，h>a，h>b，h>c，h>d，h>e，h>f。

④体育健身营养食品消费。

不同家庭生命周期居民体育健身营养食品消费均值见表4-3-82，“满巢4期”居民体育健身营养食品消费水平最高，“空巢期”的居民此项消费水平最低。

表4-3-82　不同家庭生命周期居民体育健身营养食品消费描述性分析

家庭生命周期	样本量	平均值	标准差	标准误
无巢期	151	4.34	1.918	0.156
筑巢期	192	3.73	1.966	0.142
满巢1期	163	3.06	1.574	0.123
满巢2期	186	2.81	1.561	0.114
满巢3期	171	4.13	2.032	0.155
满巢4期	176	4.48	1.954	0.147
满巢5期	165	2.16	0.836	0.065

续表

家庭生命周期	样本量	平均值	标准差	标准误
空巢期	180	2.02	0.705	0.053
合计或平均	1384	3.33	1.871	0.050

单因素方差分析结果显示，在5%的显著水平下，不同家庭生命周期居民体育健身营养食品消费存在显著性差异，见表4-3-83。

表4-3-83　不同家庭生命周期居民体育健身营养食品消费单因素方差分析

类别	平方和	自由度	均方	*F*	*Sig.*
组间	1126.260	7	160.894	59.586	0
组内	3715.497	1376	2.700	—	—
合计	4841.757	1383	—	—	—

Scheffe法多重比较结果显示见表4-3-84，在5%的显著水平下，“无巢期”“筑巢期”“满巢3期”和“满巢4期”居民体育健身营养食品消费水平显著高于“满巢1期”“满巢2期”“满巢5期”和“空巢期”居民，“无巢期”“筑巢期”和“满巢3期”和“满巢4期”居民此项消费水平没有显著性差异，“满巢5期”和“空巢期”居民此项消费水平没有显著性差异。

表4-3-84　不同家庭生命周期居民体育健身营养食品消费多重比较结果

分组	a	b	c	d	e	f	g	h
家庭生命周期	无巢期	筑巢期	满巢1期	满巢2期	满巢3期	满巢4期	满巢5期	空巢期
平均值	4.34	3.73	3.06	2.81	4.13	4.48	2.16	2.02

注：事后多重比较结果为a>c，a>d，a>g，a>h，b>c，b>d，b>g，b>h，c>g，c>h，d>h，e>c，e>d，e>g，e>h，f>b，f>c，f>d，f>g，f>h。

小结：体育健身实物性消费中，服装鞋帽消费人群最广泛，且消费水平最高；健身器材消费较低；受新媒体等影响，健身报刊消费水平最低；健身营养食品消费人群比较广泛，但消费水平不高。中年群体、高学历群体、职业稳定群体以及家庭负担较轻的群体是体育健身实物性消费的主要群体。年龄、学历、职业、可支配收入、运动能力、家庭生命周期对体育健身实物性消费产生影响，而闲暇时间对体育健身实物性消费没有影响。

4.4 京津沪三城市体育健身服务性消费分析

4.4.1 京津沪三城市体育健身服务性消费的总体情况

本部分是基于问卷调查结果对京津沪三城市体育健身服务性消费总体情况的客观描述。

（1）体育健身场所消费。

体育健身场所消费主要指购买各类健身俱乐部的健身卡、健身场馆门票等的消费。表4-4-1显示，发达城市居民体育健身场所消费呈现两极分化的情况，即年消费水平在200元以下和2000元以上居民的比例均较高。表明在发达城市，付费健身消费差异化、层次化特征明显，也表明体育健身场所消费受收入、受教育水平、职业、健身消费观念与意识等多种因素影响。

表4-4-1 体育健身场所年消费情况

消费金额（元）	频数（次）	百分比（%）	累计百分比（%）
0	414	29.9	29.9
0～200	187	13.5	43.4
201～500	181	13.1	56.5
501～1000	109	7.9	64.4
1001～1500	130	9.4	73.8
1501～2000	132	9.5	83.3
2001～2500	100	7.2	90.5
2501～3000	78	5.6	96.2
3001～3500	31	2.2	98.4
3500以上	22	1.6	100
合计	1384	100	—

（2）体育健身指导与培训消费。

体育健身指导与培训消费主要指聘请私人教练、陪练和参加各种付费的健身培训班等。表4-4-2数据显示，京津沪三城市居民体育健身指导与培训消费也大体呈两极分化的情况：有45%的居民没有此项消费支出；在有此项消费的人群中，1000元消费成为分界线，有77.5%的居民支出在1000元以下；但也有11.8%的居民此项消费在2000元以上，他们希望在专业健身指导人员指导下健身，追求科学健身，比较注重体育健身消费的品质。

表4-4-2　体育健身指导与培训年消费情况

消费金额（元）	频数（次）	百分比（%）	累计百分比（%）
0	623	45.0	45.0
0～500	304	22.0	67.0
501～1000	145	10.5	77.5
1001～1500	83	6.0	83.5
1501～2000	66	4.8	88.2
2001～2500	98	7.1	95.3
2501～3000	44	3.2	98.5
3001以上	21	1.5	100
合计	1384	100	—

（3）体育健身活动与比赛消费。

体育健身活动与比赛消费主要指用于参加各种健身活动，如健身跑、骑行、徒步、拓展等的报名费。表4-4-3数据显示，此项消费人群比例低，有52.2%的居民没有此项消费；在有此项消费的人群中，随着消费金额的增加，人数基本也呈下降趋势。500元成为消费的分界线，86.1%的居民此项消费小于500元，但也有约8.8%的居民此项消费支出在1000元以上。随着各类健身活动和比赛数量的增加，参与居民的数量将不断提高，此项消费支出有很大增长空间。

表4-4-3 体育健身活动与比赛年消费情况

消费金额（元）	频数（次）	百分比（%）	累计百分比（%）
0	723	52.2	52.2
0 ~ 200	291	21.0	73.3
201 ~ 500	178	12.9	86.1
501 ~ 1000	70	5.1	91.2
1001 ~ 1500	66	4.8	96.0
1501 ~ 2000	42	3.0	99.0
2001 ~ 2500	11	0.8	99.8
2500以上	3	0.2	100
合计	1384	100	—

4.4.2 不同群体体育健身服务性消费分析

本部分同样是基于问卷调查数据对不同群体（年龄、职业、收入、闲暇时间、运动能力、家庭生命周期）在体育健身服务性消费方面的差异进行分析。

（1）不同年龄居民体育健身服务性消费差异。

①体育健身场所消费。

不同年龄居民体育健身场所消费均值见表4-4-4，“40 ~ 49岁”居民体育健身场所消费水平最高，“60岁以上”居民体育健身场所消费水平最低。

表4-4-4 不同年龄居民体育健身场所消费描述性分析

年龄（岁）	样本量	平均值	标准差	标准误
20 ~ 29	215	4.15	2.821	0.193
30 ~ 39	412	3.37	2.289	0.108
40 ~ 49	350	4.75	2.698	0.153
50 ~ 59	253	2.85	2.155	0.135
60及以上	154	2.72	1.966	0.158
合计或平均	1384	3.64	2.527	0.068

单因素方差分析结果显示，在5%的显著水平下，不同年龄居民体育健身场所消费存在显著性差异，见表4-4-5。

表4-4-5　不同年龄居民体育健身场所消费单因素方差分析

类别	平方和	自由度	均方	*F*	*Sig.*
组间	760.547	4	190.137	32.474	0
组内	8074.186	1379	5.855	—	—
合计	8834.733	1383	—	—	—

Scheffe法多重比较结果显示见表4-4-6，在5%的显著水平下，“20~29岁”和“40~49岁”年龄段居民的体育健身场所消费水平显著高于“30~39岁”居民，“20~29岁”和“40~49岁”年龄段居民此项消费水平不存在显著性差异，50岁以上居民此项消费水平不存在显著性差异。

表4-4-6　不同年龄居民体育健身场所消费多重比较结果

分组	a	b	c	d	e
年龄	20~29岁	30~39岁	40~49岁	50~59岁	60岁以上
平均值	4.15	3.37	4.75	2.85	2.72

注：事后多重比较结果为a>b，a>d，a>e，c>b，c>d，c>e。

“40~49岁”年龄段居民体育健身场所消费水平最高，与他们事业稳定，收入水平较高有关，而且这一年龄段身体健康水平开始下降，健康意识增强，比较重视体育健身服务性消费的品质。“20~29岁”年龄段居民虽然收入水平低于“30~39岁”居民，但可能他们单身或新婚居多，闲暇时间比较充裕，导致此项消费水平也比较高。“30~39岁”年龄段居民此项消费水平显著低于“20~29岁”和“40~49岁”年龄段居民，可能与这一年龄段居民子女年幼，需要有更多的时间照顾家庭，闲暇时间有限有关。50岁以上居民受收入水平的影响，主要利用公园、广场等公共健身场所健身，造成此项消费水平较低。

②体育健身指导与培训消费。

不同年龄居民体育健身指导与培训消费均值见表4-4-7，“40~49岁”

居民体育健身指导与培训消费水平最高，“50～59岁”居民体育健身指导与培训消费水平最低。

表4-4-7 不同年龄居民体育健身指导与培训消费描述性分析

年龄（岁）	样本量	平均值	标准差	标准误
20～29	215	2.42	1.885	0.129
30～39	412	2.68	1.805	0.089
40～49	350	3.20	2.283	0.122
50～59	253	1.56	1.020	0.064
60以上	154	1.64	0.934	0.075
合计或平均	1384	2.45	1.870	0.05

单因素方差分析结果显示，在5%的显著水平下，不同年龄居民体育健身指导与培训消费存在显著性差异，见表4-4-8。

表4-4-8 不同年龄居民体育健身指导与培训消费单因素方差分析

类别	平方和	自由度	均方	*F*	*Sig.*
组间	522.251	4	130.563	41.731	0
组内	4314.408	1379	3.129	—	—
合计	4836.659	1383	—	—	—

Scheffe法多重比较结果显示见表4-4-9，在5%的显著水平下，“20～39岁”居民的体育健身指导与培训消费水平显著高于50岁以上居民，“40～49岁”居民此项消费水平显著高于其他年龄段居民，50岁以上居民此项水平不存在显著性差异。

表4-4-9 不同年龄居民体育健身指导与培训消费多重比较结果

分组	a	b	c	d	e
年龄	20～29岁	30～39岁	40～49岁	50～59岁	60岁及以上
平均值	2.42	2.68	3.20	1.56	1.64

注：事后多重比较结果为a>d，a>e，b>d，b>e，c>a，c>b，c>d，c>e。

“40～49岁”居民体育健身指导与培训消费水平最高，且显著高于其他年龄段居民，收入水平和科学健身意识是主要原因，他们更加注重健身效果，可能更多地在私人教练指导下健身。“30～39岁”居民处于第二位，可能与他们闲暇时间有限有关，聘请健身指导，同样时间可以达到更好的健身效果。50岁以上居民此项消费水平较低，与他们主要选择技能相对简单的健身项目有关，也与他们自身就具有公益性社会体育指导员资格，具有一定的健身技能有关。有研究显示，北京市公益性社会体育指导员中，年龄在50岁以上的比例高达72%。

③体育健身活动与比赛消费。

不同年龄居民体育健身活动与比赛消费均值见表4-4-10，“20～29岁”居民体育健身活动与比赛消费水平最高，“60岁及以上”居民体育健身活动与比赛消费水平最低。

表4-4-10 不同年龄居民体育健身活动与比赛消费描述性分析

年龄（岁）	样本量	平均值	标准差	标准误
20～29	215	2.41	1.547	0.105
30～39	412	2.28	1.580	0.078
40～49	350	2.21	1.449	0.077
50～59	253	1.49	1.026	0.064
60及以上	154	1.24	0.582	0.047
合计或平均	1384	2.02	1.430	0.038

单因素方差分析结果显示，在5%的显著水平下，不同年龄居民体育健身活动与比赛消费存在显著性差异，见表4-4-11。

表4-4-11 不同年龄居民体育健身活动与比赛消费单因素方差分析

类别	平方和	自由度	均方	*F*	*Sig.*
组间	239.953	4	59.988	31.949	0
组内	2589.212	1379	1.878	—	—
合计	2829.165	1383	—	—	—

Scheffe法多重比较结果显示见表4-4-12，在5%的显著水平下，“20～49岁”居民体育健身活动与比赛消费水平显著高于50岁以上居民，“20～49岁”居民此项消费水平不存在显著差异，50岁以上居民此项消费水平不存在显著差异。

表4-4-12　不同年龄居民体育健身活动与比赛消费多重比较结果

分组	a	b	c	d	e
年龄	20～29岁	30～39岁	40～49岁	50～59岁	60岁以上
平均值	2.41	2.28	2.21	1.49	1.24

注：事后多重比较结果为a>d，a>e，b>d，b>e，c>d，c>e。

以上数据表明，“20～49岁”居民比较热衷各类付费健身比赛和健身活动，原因主要有以下三方面：第一，长距离健身跑、徒步、骑行、滑雪等户外健身运动具有挑战性和冒险性的特点，比较适合年轻人；第二，这些运动受收入影响较大，“20～49岁”群体一般具有比较稳定的经济收入；第三，相对于收入，闲暇时间对这些运动的影响不大，单次活动一般1～2天，也是上班族能够接受的。有研究显示，我国户外运动消费群体主要集中在“21～40岁”的人群，60%以上为男性，2013年北京马拉松参与者中，“20～49岁”年龄段占参赛总人数的81.7%，其中“20～29岁”“30～39岁”和“40～49岁”3个年龄段人数基本相当。

年龄对体育健身服务消费的影响可用消费函数的生命成本理论解释。生命成本是指消费者为获得一定货币收入而以生产者身份和以时间为维度支出的体力、脑力与心理负荷成本的总和。消费者行为不仅受消费者消费需求、收入、预防动机等因素影响，还受生命成本的影响。消费的本质在于满足消费者需要，消费者为满足自身需要必须支付一定的费用，而不同消费者为获得同单位收入付出的代价（生命成本）是不同的。消费者为获得一定消费品付出的生命成本成为决定消费支出行为的基本原则。很多老年人不肯花钱，但许多年轻人却比较会花父母的钱。原因在于生命成本付出的差异，以及父辈们对自己生命成本付出的长期收益（基于亲缘利他的视代际快乐为自身快乐的组成部分）的预期。当代中国年轻一代的父辈们大多具有直接的苦难体验，一些人尽管收入丰厚，但仍然花钱谨慎，而一些年轻人花父母的钱时却缺乏支付生命成本的亲身体验，不知道生命付出的边际成本在哪里，所以经常花钱缺乏依据，往往是边际收益小于父母为其支付的边际成本。生命成本对娱乐服务性产品的影响往往大于实物性产品，即使花钱，老年人也更愿意将钱花在看得见、摸得着的实物产品方面，对花钱买健康、买服务的观念比年轻人更差一些。

（2）不同学历居民体育健身服务性消费分析。

①体育健身场所消费。

不同学历居民体育健身场所消费均值见表4-4-13，学历越高，体育健身场所消费均值越高。

表4-4-13　不同学历居民体育健身场所消费描述性分析

学历	样本量	平均值	标准差	标准误
初中及以下	267	2.49	1.087	0.128
高中/技校/中专	338	3.23	2.193	0.119
本科/大专/高职	631	3.94	2.455	0.098
研究生	148	5.32	3.064	0.252
合计或平均	1384	3.64	2.529	0.068

单因素方差分析结果显示，在5%的显著水平下，不同学历居民体育健身场所消费存在显著性差异，见表4-4-14。

表4-4-14　不同学历居民体育健身场所消费单因素方差分析

类别	平方和	自由度	均方	*F*	*Sig.*
组间	889.380	3	296.460	51.428	0
组内	7955.083	1380	5.765	—	—
合计	8844.462	1383	—	—	—

Scheffe法多重比较结果显示见表4-4-15，在5%的显著水平下，“本科/大专/高职”居民的体育健身场所消费水平显著高于“高中/技校/中专”以下学历居民，“研究生”学历居民体育健身场所消费水平显著高于其他学历

居民，“高中/技校/中专”以下学历居民此项消费水平不存在显著性差异。数据显示，学历越高，体育健身场所消费水平越高。

表4-4-15　不同学历居民体育健身场所消费多重比较结果

分组	a	b	c	d
学历	初中及以下	高中/技校/中专	本科/大专/高职	研究生及以上
平均值	2.49	3.23	3.94	5.32

注：事后多重比较结果为c>a，c>b，d>a，d>b，d>c。

②体育健身指导与培训消费。

不同学历居民体育健身指导与培训消费均值见表4-4-16，学历越高，体育健身指导与培训消费均值越高。

表4-4-16　不同学历居民体育健身指导与培训消费描述性分析

学历	样本量	平均值	标准差	标准误
初中及以下	267	1.85	1.682	0.103
高中/技校/中专	338	2.20	1.710	0.093
本科/大专/高职	631	2.56	1.760	0.07
研究生	148	3.64	2.347	0.193
合计或平均	1384	2.45	1.870	0.050

单因素方差分析结果显示，在5%的显著水平下，不同学历居民体育健身指导与培训消费存在显著性差异，见表4-4-17。

表4-4-17　不同学历居民体育健身指导与培训消费单因素方差分析

类别	平方和	自由度	均方	*F*	*Sig.*
组间	337.672	3	112.557	34.525	0
组内	4498.987	1380	3.260	—	—
合计	4836.659	1383	—	—	—

Scheffe法多重比较结果显示见表4-4-18，在5%的显著水平下，“本科/大专/高职”居民的体育健身指导与培训消费水平显著高于“高中/技校/中

专”以下学历居民，“研究生”学历居民体育健身指导与培训消费水平显著高于其他学历居民，“高中/技校/中专”以下学历居民此项消费水平不存在显著性差异。数据显示，学历越高，体育健身指导与培训消费水平越高。

表4-4-18　不同学历居民体育健身指导与培训消费多重比较结果

分组	a	b	c	d
学历	初中及以下	高中/技校/中专	本科/大专/高职	研究生
平均值	1.85	2.20	2.56	3.64

注：事后多重比较结果为c>a，c>b，d>a，d>b，d>c。

③体育健身活动与比赛消费。

不同学历居民体育健身活动与比赛消费均值见表4-4-19，学历越高，体育健身活动与比赛消费均值越高。

表4-4-19　不同学历居民体育健身活动与比赛消费描述性分析

学历	样本量	平均值	标准差	标准误
初中及以下	267	1.73	1.141	0.070
高中/技校/中专	338	1.82	1.339	0.073
本科/大专/高职	631	2.09	1.437	0.057
研究生	148	2.76	1.765	0.146
合计或平均	1384	2.02	1.430	0.038

单因素方差分析结果显示，在5%的显著水平下，不同学历居民体育健身活动与比赛消费存在显著性差异，见表4-4-20。

表4-4-20　不同学历居民体育健身活动与比赛消费单因素方差分析

类别	平方和	自由度	均方	*F*	*Sig.*
组间	120.249	3	40.083	20.419	0
组内	2708.916	1380	1.963	—	—
合计	2829.165	1383	—	—	—

Scheffe法多重比较结果显示见表4-4-21，在5%的显著水平下，“本科

/大专/高职”居民的体育健身活动与比赛消费水平显著高于“高中/技校/中专”以下学历居民，“研究生”学历居民体育健身活动与比赛消费水平显著高于其他学历居民，“高中/技校/中专”以下学历居民此项消费水平不存在显著性差异。数据显示，学历越高，体育健身活动与比赛消费水平越高。

表4-4-21　不同学历居民体育健身活动与比赛消费多重比较结果

分组	a	b	c	d
学历	初中及以下	高中/技校/中专	本科/大专/高职	研究生
平均值	1.73	1.82	2.09	2.76

注：事后多重比较结果为c>a，c>b，d>a，d>b，d>c。

以上分析表明，学历越高，体育健身服务性消费越高。受教育水平与休闲活动之间的关系已有众多的研究成果，教育对开发个人休闲需求、促进休闲活动的参与有很大的影响。约翰·纽林格（John Neulinger）认为，个人的受教育水平决定其工作和休闲活动的性质，没有受过高等教育，就等于切断了工作和休闲两个领域的通道。鲁滨逊（Robinson）指出，教育是决定休闲时间分配的最重要因素。派克（Parker）认为教育水平能引导和增进人们对休闲活动的关心和扩大活动的范围。高等教育不仅是工业社会很多职业的需要，也是个人人格和休闲方式的决定因素之一。现代教育体系不仅可以使人们通过教育获得理想的工作，而且也传授工作之余的休闲理念与休闲技能，其中就包括运动健身消费理念与健身技能，使人具备更好的条件从事体育健身消费活动。

众多研究结果表明，受过高层次教育的人更愿意参加体育健身运动、室外娱乐活动等，参加体育健身活动的范围也更加广泛。学历对体育健身消费结构的影响可以归纳为以下三个方面：第一，学校教育通过影响人们的消费观念影响消费行为。接受教育的时间越长，越可能更加深刻地认识到体育健身的社会价值与其对自我身心健康的作用，进而改变体育健身的消费取向，增加体育健身消费的次数与时间；第二，学历越高，表明在学校学习时间越长，体育健身的知识、技能以及对各种运动规则掌握的就越多，对体育健身有更高的认同和偏好，更容易养成体育健身的习惯，体育健身参与率越高，掌握的运动技能种类越多，程度越好，越可能有丰富的体育健身项目选择与体验，体育健身服务消费水平就越高，消费结构越合理；第三，学历高，更容易进入收入较高的行业，经济水平越高，具有较强的消费能力，体育健身服务消费水平就越高，消费结构越合理。

（3）不同职业居民体育健身服务性消费分析。

①体育健身场所消费。

不同职业居民体育健身场所消费均值见表4-4-22，“公司管理者”体育健身场所消费水平最高，“离退休人员”体育健身场所消费水平最低。

表4-4-22　不同职业居民体育健身场所消费描述性分析

职业	样本量	平均值	标准差	标准误
国家公务员/事业单位人员	278	4.78	2.415	0.145
公司管理者	240	5.56	2.270	0.147
公司职员	396	2.51	1.744	0.088
学生	70	2.46	0.988	0.118
个体（私企）业主	129	4.43	2.986	0.263
离退休人员	182	1.80	1.616	0.120
其他	89	3.42	2.549	0.270
合计或平均	1384	3.64	2.529	0.068

单因素方差分析结果显示，在5%的显著水平下，不同职业居民体育健身场所消费存在显著性差异，见表4-4-23。

表4-4-23　不同职业居民体育健身场所消费单因素方差分析

类别	平方和	自由度	均方	*F*	*Sig.*
组间	2542.751	6	423.792	92.604	0
组内	6301.712	1377	4.576	—	—
合计	8844.462	1383	—	—	—

Scheffe法多重比较结果显示（表4-4-24），在5%的显著水平下，“公司管理者”的体育健身场所消费水平显著高于其他职业居民；“公务员/

事业单位人员”和“个体（私企）业主”此项消费水平显著高于“公司职员”“学生”和“离退休人员”。

表4-4-24　不同职业居民体育健身场所消费多重比较结果

分组	a	b	c	d	e	f	g
职业	公务员/事业单位人员	公司管理者	公司职员	学生	个体（私企）业主	离退休人员	其他
平均值	4.78	5.56	2.51	2.46	4.43	1.80	3.42

注：事后多重比较结果为a>c，a>d，a>f，a>g，b>a，b>c，b>d，b>e，b>f，b>g，e>c，e>d，e>f，g>c，g>f。

②体育健身指导与培训消费。

不同职业居民体育健身指导与培训消费均值见表4-4-25。“公司管理者”体育健身指导与培训消费水平最高，“学生”体育健身指导与培训消费水平最低。

表4-4-25　不同职业居民体育健身指导与培训消费描述性分析

职业	样本量	平均值	标准差	标准误
国家公务员/事业单位人员	278	3.04	1.069	0.124
公司管理者	240	3.65	2.248	0.145
公司职员	396	1.78	1.234	0.062
学生	70	1.33	0.631	0.075
个体（私企）业主	129	3.02	2.127	0.187
离退休人员	182	1.38	0.590	0.044
其他	89	2.56	1.552	0.164
合计或平均	1384	2.45	1.870	0.050

单因素方差分析结果显示，在5%的显著水平下，不同职业居民体育健身指导与培训消费存在显著性差异，见表4-4-26。

表4-4-26　不同职业居民体育健身指导与培训消费单因素方差分析

类别	平方和	自由度	均方	*F*	*Sig.*
组间	960.198	6	160.033	56.847	0
组内	3897.461	1377	2.815	—	—
合计	4836.659	1383	—	—	—

Scheffe法多重比较结果显示见表4-4-27，在5%的显著水平下，“公司管理者”体育健身指导与培训消费水平显著高于其他职业居民，“个体（私企）业主”和“其他”职业居民此项消费水平显著高于“公司职员”“学生”和“离退休人员”，“公务员/事业单位人员”“个体（私企）业主”和“其他”职业居民此项消费水平不存在显著性差异。

表4-4-27　不同职业居民体育健身指导与培训消费多重比较结果

分组	a	b	c	d	e	f	g
职业	公务员/事业单位人员	公司管理者	公司职员	学生	个体（私企）业主	离退休人员	其他
平均值	3.04	3.65	1.78	1.33	3.02	1.38	2.56

注：事后多重比较结果为a>f，b>a，b>c，b>d，b>f，b>g，e>c，e>d，e>f，g>c，g>d，g>f。

③体育健身活动与比赛消费。

不同职业居民体育健身活动与比赛消费均值见表4-4-28。“公司管理者”体育健身活动与比赛消费水平最高，“离退休人员”体育健身活动与比赛消费水平最低。

表4-4-28　不同职业居民体育健身活动与比赛消费描述性分析

职业	样本量	平均值	标准差	标准误
国家公务员/事业单位人员	278	2.33	1.587	0.095
公司管理者	240	2.36	1.597	0.103
公司职员	396	1.94	1.387	0.070
学生	70	1.73	0.916	0.109
个体（私企）业主	129	2.17	1.474	0.130

续表

职业	样本量	平均值	标准差	标准误
离退休人员	182	1.27	0.448	0.033
其他	89	2.10	1.589	0.168
合计或平均	1384	2.02	1.430	0.038

单因素方差分析结果显示，在5%的显著水平下，不同职业居民体育健身活动与比赛消费存在显著性差异，见表4-4-29。

表4-4-29 不同职业居民体育健身活动与比赛消费单因素方差分析

类别	平方和	自由度	均方	*F*	*Sig.*
组间	168.227	6	28.038	14.509	0
组内	2660.938	1377	1.932	—	—
合计	2829.165	1383	—	—	—

Scheffe法多重比较结果显示见表4-4-30，在5%的显著水平下，除“学生”外，其他职业居民的体育健身活动与比赛消费水平都显著高于“离退休人员”，“公务员/事业单位人员”和“公司管理者”此项消费水平显著高于“公司职员”，“公务员/事业单位人员”“公司管理者”“个体（私企）业主”和“其他”职业居民此项消费水平不存在显著性差异。

表4-4-30 不同职业居民体育健身活动与比赛消费多重比较结果

分组	a	b	c	d	e	f	g
职业	公务员/事业单位人员	公司管理者	公司职员	学生	个体（私企）业主	离退休人员	其他
平均值	2.33	2.36	1.94	1.73	2.17	1.27	2.10

注：事后多重比较结果为a>c，a>f，b>c，b>f，c>f，e>f，g>f。

以上分析表明，职业对体育健身服务消费产生影响。“公司管理者”“公务员/事业单位人员”和“个体（私企）业主”体育健身服务产品消费比较高，尤其是“公司管理者”显著高于其他职业人群。离退休人员、学生、公司职员各项体育健身服务消费都比较低。国内外部分学者关注了职业与体育健身服务消费之间的关系，但并没有归纳不同职业在体育健身服务消费方面存在差异的原因。玛吉（M. Argye）归纳了不同职业类型人群参与休闲活动存在差别的原因，可以为分析职业与体育健身消费的关系提供参考。玛吉认为：①体力劳动者因为消耗较多的时间和精力，很少参与健身活动，他们更愿意选择能得到休息或恢复体能的活动；②经济状况不大好的人们因为很难加入各种俱乐部、购买体育装备等，参加健身消费有一定困难；③白领阶层因为有较多公务与海内外出行的机会，所以容易诱发更多新的需求，包括更加丰富和高端的健身运动项目，同时也带动其他人的休闲活动；④白领阶层因受过良好的教育，所以比体力劳动者更容易发现新的休闲活动。从以上职业与休闲参与关系的研究中，可以推断出，职业同样也会对其体育健身休闲活动产生影响。职业常常会影响一个人是否参与体育健身消费，如何进行体育健身消费，选择什么样的体育健身活动，以何种方式进行体育健身消费。研究结果也表明，“公司管理者”“公务员/事业单位工作人员”和“个体（私营）业主”体育健身实物消费和服务消费水平都比较高，这与他们主要从事脑力劳动、拥有更高的收入和更多的外出机会以及更好的受教育水平有关。

（4）不同收入的居民体育健身服务性消费分析。

①体育健身场所消费。

不同可支配收入居民体育健身场所消费均值见表4-4-31。可支配收入水平越高，体育健身场所消费水平越高。

表4-4-31　不同可支配收入居民体育健身场所消费描述性分析

可支配收入（元）	样本量	平均值	标准差	标准误
2000以下	181	1.18	0.424	0.032
2001～3000	149	1.83	0.865	0.071
3001～4000	283	2.47	1.483	0.088
4001～5000	357	3.80	2.181	0.115
5001～6000	140	5.68	2.089	0.177
6001～7000	119	5.99	2.413	0.221
7000以上	155	6.35	2.182	0.175

续表

可支配收入（元）	样本量	平均值	标准差	标准误
合计或平均	1384	3.64	2.529	0.068

单因素方差分析结果显示，在5%的显著水平下，不同可支配收入居民体育健身场所消费存在显著性差异，见表4-4-32。

表4-4-32 不同可支配收入居民体育健身场所消费单因素方差分析

类别	平方和	自由度	均方	*F*	*Sig.*
组间	4360.069	6	726.782	223.200	0
组内	4483.772	1377	3.256	—	—
合计	8844.462	1383	—	—	—

Scheffe法多重比较结果显示见表4-4-33。在5%的显著水平下，高可支配收入居民体育健身场所消费水平显著高于低可支配收入居民，可支配收入为“3000元以下”居民此项消费水平不存在显著性差异，可支配收入为“5001～7000元”居民此项消费水平不存在显著性差异。

表4-4-33 不同可支配收入居民体育健身场所消费多重比较结果

分组	a	b	c	d	e	f	g
可支配收入	2000以下	2001～3000	3001～4000	4001～5000	5001～6000	6001～7000	7001以上
平均值	1.18	1.83	2.47	3.80	5.68	5.99	6.35

注：事后多重比较结果为c>a，d>a，d>b，d>c，e>a，e>b，e>c，e>d，f>a，f>b，f>c，f>d，g>a，g>b，g>c，g>d，g>e，g>f。

②体育健身指导与培训消费。

不同可支配收入居民体育健身指导与培训消费均值见表4-4-34。基本上呈现，可支配收入水平越高，体育健身指导与培训消费水平越高。

表4-4-34 不同可支配收入居民体育健身指导与培训消费描述性分析

可支配收入（元）	样本量	平均值	标准差	标准误
2000以下	181	1.19	0.392	0.029

续表

可支配收入（元）	样本量	平均值	标准差	标准误
2001 ~ 3000	149	1.32	0.466	0.038
3001 ~ 4000	283	1.58	0.761	0.045
4001 ~ 5000	357	2.14	1.456	0.077
5001 ~ 6000	140	3.96	1.898	0.160
6001 ~ 7000	119	4.09	2.206	0.202
7000以上	155	4.71	2.006	0.161
合计或平均	1384	2.45	1.870	0.050

单因素方差分析结果显示，在5%的显著水平下，不同可支配收入居民体育健身指导与培训消费存在显著性差异，见表4-4-35。

表4-4-35　不同可支配收入居民体育健身指导与培训消费单因素方差分析

类别	平方和	自由度	均方	*F*	*Sig.*
组间	2164.740	6	360.790	185.937	0
组内	2671.919	1377	1.940	—	—
合计	4836.659	1383	—	—	—

Scheffe法多重比较结果显示见表4-4-36。在5%的显著水平下，高可支配收入居民体育健身指导与培训消费水平显著高于低可支配收入居民，可支配收入为4000元以下居民此项消费水平不存在显著性差异，可支配收入为5001 ~ 7000元居民此项消费水平不存在显著性差异。

表4-4-36　不同可支配收入居民体育健身指导与培训消费多重比较结果

分组	a	b	c	d	e	f	g
可支配收入	2000以下	2001 ~ 3000	3001 ~ 4000	4001 ~ 5000	5001 ~ 6000	6001 ~ 7000	7001以上
平均值	1.19	1.32	1.58	2.14	3.96	4.09	4.71

注：事后多重比较结果为d>a，d>b，d>c，e>a，e>b，e>c，e>d，f>a，f>b，f>c，f>d，g>a，g>b，g>c，g>d，g>e，g>f。

③体育健身活动与比赛消费。

不同可支配收入居民体育健身活动与比赛消费均值见表4-4-37。可支配收入水平越高，体育健身活动与比赛消费水平越高。

表4-4-37 不同可支配收入居民体育健身活动与比赛消费描述性分析

可支配收入（元）	样本量	平均值	标准差	标准误
2000以下	181	1.18	0.387	0.029
2001 ~ 3000	149	1.43	1.026	0.084
3001 ~ 4000	283	1.67	1.218	0.072
4001 ~ 5000	357	1.80	1.174	0.062
5001 ~ 6000	140	2.79	1.626	0.138
6001 ~ 7000	119	2.78	1.627	0.149
7000以上	155	3.46	1.517	0.122
合计或平均	1384	2.02	1.430	0.038

单因素方差分析结果显示，在5%的显著水平下，不同可支配收入居民体育健身活动与比赛消费存在显著性差异，见表4-4-38。

表4-4-38 不同可支配收入居民体育健身活动与比赛消费单因素方差分析

类别	平方和	自由度	均方	*F*	*Sig.*
组间	704.812	6	117.469	76.143	0
组内	2124.353	1377	1.543	—	—
合计	2829.165	1383	—	—	—

Scheffe法多重比较结果显示见表4-4-39。在5%的显著水平下，高收入居民体育健身活动与比赛消费水平显著高于低收入居民，可支配收入为2001 ~ 5000元居民此项消费水平不存在显著性差异，可支配收入为5001 ~ 7000元居民此项消费水平不存在显著性差异。

表4-4-39 不同可支配收入居民体育健身活动与比赛消费多重比较结果

分组	a	b	c	d	e	f	g
可支配收入	2000以下	2001～3000	3001～4000	4001～5000	5001～6000	6001～7000	7001以上
平均值	1.18	1.43	1.67	1.80	2.79	2.78	3.46

注：事后多重比较结果为c>a，d>a，e>a，e>b，e>c，e>d，f>a，f>b，f>c，f>d，g>a，g>b，g>c，g>d，g>e，g>f。

以上分析表明，家庭人均可支配收入对体育健身服务消费产生影响。家庭可支配收入是人们选择和参与体育健身活动时重要的资源约束。有研究结果指出，人们的可支配收入水平越高，越向往积极的休闲，例如体育健身活动。可支配收入对休闲性健身活动、自我开发型健身活动、家庭指向型健身活动、娱乐型健身活动都具有正面影响。种种研究都表明，经济条件在很大程度上决定了人们的健身消费程度。可支配收入的高低不仅决定了人们是否参与体育健身消费，还决定了参与哪些体育健身项目，在一定程度上也决定了体育健身消费的方式。可支配收入高，不仅更有条件追求高品质的体育健身实物产品，而且更倾向选择条件、服务、设施更好的付费健身场所，也更倾向选择滑雪、高尔夫等付费健身项目，因此，可支配收入越高，体育健身服务型产品消费越高。以上研究结果表明，可支配收入高，体育健身实物消费和服务消费的消费水平都比较高。

（5）拥有不同闲暇时间的居民体育健身服务性消费分析。

①体育健身场所消费。

不同闲暇时间居民体育健身场所消费均值见表4-4-40。闲暇时间为“3～4 h”居民体育健身场所消费水平最高，“2 h以下”居民此项消费水平最低。

表4-4-40 不同闲暇时间居民体育健身场所消费描述性分析

闲暇时间（h）	样本量	平均值	标准差	标准误
2以下	199	2.90	2.341	0.166
2～3	398	3.20	2.411	0.122
3～4	357	4.10	2.704	0.143

续表

闲暇时间（h）	样本量	平均值	标准差	标准误
4～5	247	3.93	2.564	0.160
5以上	183	4.05	2.240	0.166
合计或平均	1384	3.64	2.529	0.068

单因素方差分析结果显示，在5%的显著水平下，不同闲暇时间居民体育健身场所消费存在显著性差异，见表4-4-41。

表4-4-41 不同闲暇时间居民体育健身场所消费单因素方差分析

类别	平方和	自由度	均方	*F*	*Sig.*
组间	309.747	4	77.437	12.512	0
组内	8534.716	1379	6.189	—	—
合计	8844.462	1383	—	—	—

Scheffe法多重比较结果显示见表4-4-42，在5%的显著水平下，闲暇时间为3 h以上居民的体育健身场所消费水平显著高于3 h以下居民，闲暇时间为3 h以下居民的体育健身场所消费水平不存在显著性差异，闲暇时间为3 h以上居民的体育健身场所消费水平也不存在显著性差异。数据表明，闲暇时间对居民体育健身场所消费的影响较大，缺少时间可能是影响居民体育健身场所消费的原因。

表4-4-42 不同闲暇时间居民体育健身场所消费多重比较结果

分组	a	b	c	d	e
时间（h）	2以下	2～3	3～4	4～5	5以上
平均值	2.90	3.20	4.10	3.93	4.05

注：事后多重比较结果为c>a，c>b，d>a，d>b，e>a，e>b。

②体育健身指导与培训消费

不同闲暇时间居民体育健身指导与培训消费均值见表4-4-43。闲暇时间为“4～5 h”居民体育健身指导与培训消费水平最高，闲暇时间为“2 h

以下”居民此项消费水平最低。

表4-4-43　不同闲暇时间居民体育健身指导与培训消费描述性分析

闲暇时间（h）	样本量	平均值	标准差	标准误
2以下	199	1.66	1.335	0.095
2～3	398	1.74	1.379	0.069
3～4	357	3.07	1.997	0.106
4～5	247	3.14	2.070	0.132
5以上	183	2.72	1.900	0.140
合计或平均	1384	2.45	1.870	0.050

单因素方差分析结果显示，在5%的显著水平下，不同闲暇时间居民体育健身指导与培训消费存在显著性差异，见表4-4-44。

表4-4-44　不同闲暇时间居民体育健身指导与培训消费单因素方差分析

类别	平方和	自由度	均方	*F*	*Sig.*
组间	597.662	4	149.416	48.607	0
组内	4238.997	1379	3.074	—	—
合计	4836.659	1383	—	—	—

Scheffe法多重比较结果显示见表4-4-45，在5%的显著水平下，闲暇时间为3 h以上居民的体育健身指导与培训消费水平显著高于3 h以下居民，闲暇时间为3 h以下居民的体育健身指导与培训消费水平不存在显著性差异，闲暇时间为3 h以上居民的体育健身指导与培训消费水平也不存在显著性差异。数据表明，闲暇时间对居民体育健身指导与培训消费的影响较大，缺少时间可能是影响居民体育健身指导与培训消费的原因。

表4-4-45　不同闲暇时间居民体育健身指导与培训消费多重比较结果

分组	a	b	c	d	e
时间（h）	2以下	2～3	3～4	4～5	5以上
平均值	1.66	1.74	3.07	3.14	2.72

注：事后多重比较结果为c>a，c>b，d>a，d>b，e>a，e>b。

③体育健身活动与比赛消费。

不同闲暇时间居民体育健身活动与比赛消费均值见表4-4-46。闲暇时间为“3～4 h”居民体育健身活动与比赛消费水平最高，“2 h以下”居民此项消费水平最低。

表4-4-46　不同闲暇时间居民体育健身活动与比赛消费描述性分析

闲暇时间（h）	样本量	平均值	标准差	标准误
2以下	177	1.47	1.048	0.074
2～3	273	1.65	1.100	0.055
3～4	233	2.43	1.654	0.105
4～5	482	2.30	1.481	0.078
5以上	219	2.34	1.616	0.119
合计或平均	1384	2.02	1.430	0.038

单因素方差分析结果显示，在5%的显著水平下，不同闲暇时间居民体育健身活动与比赛消费存在显著性差异，见表4-4-47。

表4-4-47　不同闲暇时间居民体育健身活动与比赛消费单因素方差分析

类别	平方和	自由度	均方	*F*	*Sig.*
组间	202.527	4	50.632	26.582	0
组内	2626.638	1379	1.905	—	—
合计	2829.165	1383	—	—	—

Scheffe法多重比较结果显示见表4-4-48，在5%的显著水平下，闲暇时间为3 h以上居民的体育健身活动与比赛消费水平显著高于3 h以下居民。闲暇时间为3 h以下居民的体育健身活动与比赛消费水平不存在显著性差异，闲暇时间为3 h以上居民的体育健身活动与比赛消费水平也不存在显著性差异。数据表明，闲暇时间对居民体育健身活动与比赛消费的影响较大，缺少时间可能是影响居民体育健身活动与比赛消费的原因。

表4-4-48　不同闲暇时间居民体育健身活动与比赛消费多重比较结果

分组	a	b	c	d	e
时间	2 h以下	2～3 h	3～4 h	4～5 h	5 h以上
平均值	1.47	1.65	2.43	2.30	2.34

注：事后多重比较结果为c>a，c>b，d>a，d>b，e>a，e>b。

以上分析表明，闲暇时间对体育健身服务消费有影响。闲暇时间对体育健身服务产品的影响是通过实际工资率和居民对闲暇—工作偏好体现的。实际工资率较低时，随着实际工资率的上升，消费者被较高的工资吸引，将减少体育健身消费需求；随着实际工资率的上升，消费者会增加对体育健身消费的需求，放弃工作时间而用较高的收入购买体育健身休闲活动。研究结果表明，实际工资率和闲暇—工作偏好对体育健身服务性消费具有重要的影响。

（6）不同运动能力的居民体育健身服务性消费分析。

①体育健身场所消费。

不同运动能力居民体育健身场所消费均值见表4-4-49。运动能力“非常强”的居民体育健身场所消费水平最高，“非常弱”的居民此项消费水平最低。

表4-4-49　不同运动能力居民体育健身场所消费描述性分析

运动能力	样本量	平均值	标准差	标准误
非常强	177	5.32	2.712	0.204
比较强	273	4.75	2.598	0.157
一般	233	4.61	2.554	0.167
比较弱	482	2.56	1.758	0.080
非常弱	219	2.23	1.735	0.117
合计或平均	1384	3.64	2.529	0.068

单因素方差分析结果显示，在5%的显著水平下，不同运动能力居民体育健身场所消费存在显著性差异，见表4-4-50。

表4-4-50 不同运动能力居民体育健身场所消费单因素方差分析

类别	平方和	自由度	均方	F	Sig.
组间	2057.227	4	514.307	104.495	0
组内	6787.236	1379	4.922	—	—
合计	8844.462	1383	—	—	—

Scheffe法多重比较结果显示见表4-4-51，在5%的显著水平下，自认为运动能力“非常强”“比较强”和“一般”的居民的体育健身场所消费水平显著高于运动能力“比较弱”和“非常弱”的居民。以上数据表明，运动能力是影响体育健身场所消费的因素，掌握的健身知识越多，运动能力越强，越可能参与技能复杂的健身运动，越可能到付费场所健身。

表4-4-51 不同运动能力居民体育健身场所消费多重比较结果

分组	a	b	c	d	e
运动能力	非常强	比较强	一般	比较弱	非常弱
平均值	5.32	4.75	4.61	2.56	2.23

注：事后多重比较结果为a>c，a>d，a>e，b>d，b>e，c>d，c>e。

②体育健身指导与培训消费。

不同运动能力居民体育健身指导与培训消费均值见表4-4-52，自认为运动能力“非常强”的居民体育健身指导与培训消费水平最高，自认为运动能力“非常弱”的居民此项消费水平最低。

表4-4-52 不同运动能力居民体育健身指导与培训消费描述性分析

运动能力	样本量	平均值	标准差	标准误
非常强	177	3.33	2.214	0.166
比较强	273	2.97	2.113	0.128
一般	233	2.80	1.953	0.128
比较弱	482	1.93	1.448	0.066
非常弱	219	1.86	1.386	0.094
合计或平均	1384	2.45	1.870	0.050

单因素方差分析结果显示，在5%的显著水平下，不同运动能力居民体育健身指导与培训消费存在显著性差异，见表4-4-53。

表4-4-53 不同运动能力居民体育健身指导与培训消费单因素方差分析

类别	平方和	自由度	均方	*F*	*Sig.*
组间	446.573	4	111.643	35.069	0
组内	4390.086	1379	3.184	—	—
合计	4836.659	1383	—	—	—

Scheffe法多重比较结果显示见表4-4-54，在5%的显著水平下，自认为运动能力“非常强”“比较强”和“一般”的居民的体育健身指导与培训消费水平显著高于运动能力“比较弱”和“非常弱”的居民。数据表明，运动能力越强，体育健身指导与培训消费水平越高。参加体育健身培训班或聘请健身教练有利于增长科学健身知识和提高运动技能，从很大程度上讲，较强的运动能力是参与体育健身指导与培训的结果。

表4-4-54 不同运动能力居民体育健身指导与培训消费多重比较结果

分组	a	b	c	d	e
运动能力	非常强	比较强	一般	比较弱	非常弱
平均值	3.33	2.97	2.80	1.93	1.86

注：事后多重比较结果为a>d，a>e，b>d，b>e，c>d，c>e。

③体育健身活动与比赛消费。

不同运动能力居民体育健身活动与比赛消费均值见表4-4-55。自认为运动能力“非常强”的居民体育健身活动与比赛消费水平最高，自认为运动能力“非常弱”的居民此项消费水平最低。

表4-4-55 不同运动能力居民体育健身活动与比赛消费描述性分析

运动能力	样本量	平均值	标准差	标准误
非常强	177	3.16	1.803	0.136
比较强	273	2.59	1.570	0.095
一般	233	2.18	1.445	0.095

续表

运动能力	样本量	平均值	标准差	标准误
比较弱	482	1.51	0.948	0.043
非常弱	219	1.37	0.758	0.051
合计或平均	1384	2.02	1.430	0.038

单因素方差分析结果显示，在5%的显著水平下，不同运动能力居民体育健身活动与比赛消费存在显著性差异，见表4-4-56。

表4-4-56　不同运动能力居民体育健身活动与比赛消费单因素方差分析

类别	平方和	自由度	均方	*F*	*Sig.*
组间	544.658	4	136.164	82.193	0
组内	2284.507	1379	1.657	—	—
合计	2829.165	1383	—	—	—

Scheffe法多重比较结果显示见表4-4-57，在5%的显著水平下，自认为运动能力"非常强""比较强"和"一般"的居民的体育健身活动与比赛消费水平显著高于运动能力"比较弱"和"非常弱"的居民。数据表明，人们的运动能力越强，越愿意参与体育健身活动和比赛，此项消费水平越高。

表4-4-57　不同运动能力居民体育健身活动与比赛消费多重比较结果

分组	a	b	c	d	e
运动能力	非常强	比较强	一般	比较弱	非常弱
平均值	3.16	2.59	2.18	1.51	1.37

注：事后多重比较结果为a>b，a>c，a>d，a>e，b>c，b>d，b>e，c>d，c>e。

运动能力是指进行自我身体锻炼所需具备的知识和能力。运动能力作为居民体育健身消费的资源约束条件对体育健身参与及体育健身消费的影响可以概括为以下两方面：一是掌握一定的健身知识才能保证健身的科学性，科学健身不仅可以增强健身效果，而且可以降低体育健身的难度与危险性，增加健身乐趣，使健身运动更容易持续；二是人们通常更愿意参与自己擅长的体育健身运动，能够在活动中展示自我，受到同伴的认可与赞赏，进而形成知识、技能和意愿的良性循环。在访谈中，很多居民表示“喜欢在运动中展示自己”“打得越好越想打”。以上数据表明，运动能力越强，体育健身实物消费和服务消费水平都越高。陈善平认为，运动能力对运动承诺的影响是通过改变运动效果和自我效能两条路径实现的。运动能力对运动承诺影响的分析也适用于其对体育健身消费影响的分析。提高消费者运动能力，能够提高其锻炼效果，改变消费者对锻炼效果的认知和评价，提高消费者体育健身消费的体验，增强身心愉悦感，提高消费者坚持锻炼的自信程度（自我效能），进而产生持续性体育健身消费。

（7）不同家庭生命周期居民体育健身服务性消费差异。

①体育健身场所消费。

不同家庭生命周期居民体育健身场所消费均值见表4-4-58。“满巢4期”居民体育健身场所消费水平最高，“空巢期”的居民此项消费水平最低。

表4-4-58 不同家庭生命周期居民体育健身场所消费描述性分析

家庭生命周期	样本量	平均值	标准差	标准误
无巢期	151	4.58	2.586	0.210
筑巢期	192	4.14	2.392	0.173
满巢1期	163	2.63	1.956	0.153
满巢2期	186	2.94	2.070	0.152
满巢3期	171	4.74	2.658	0.203
满巢4期	176	5.33	2.584	0.195
满巢5期	165	2.85	2.008	0.156
空巢期	180	1.96	1.754	0.131
合计或平均	1384	3.64	2.529	0.068

单因素方差分析结果显示，在5%的显著水平下，不同家庭生命周期居民体育健身场所消费存在显著性差异，见表4-4-59。

表4-4-59 不同家庭生命周期居民体育健身场所消费单因素方差分析

类别	平方和	自由度	均方	F	Sig.
组间	1754.861	7	250.694	48.657	0
组内	7089.601	1376	5.152	—	—
合计	8844.462	1383	—	—	—

Scheffe法多重比较结果显示见表4-4-60，在5%的显著水平下，“无巢期”“筑巢期”“满巢3期”和“满巢4期”居民体育健身场所消费水平显著高于“满巢1期”“满巢2期”“满巢5期”和“空巢期”居民，“无巢期”“筑巢期”“满巢3期”和“满巢4期”居民此项消费水平没有显著性差异，“满巢1期”“满巢2期”和“满巢5期”居民此项消费水平没有显著性差异。

表4-4-60 不同家庭生命周期居民体育健身场所消费多重比较结果

分组	a	b	c	d	e	f	g	h
家庭生命周期	无巢期	筑巢期	满巢1期	满巢2期	满巢3期	满巢4期	满巢5期	空巢期
平均值	4.58	4.14	2.63	2.94	4.74	5.33	2.85	1.96

注：事后多重比较结果为a>c，a>d，a>g，a>h，b>c，b>d，b>g，b>h，d>h，e>c，e>d，e>g，e>h，f>b，f>c，f>d，f>g，f>h。

②体育健身指导与培训消费。

不同家庭生命周期居民体育健身指导与培训消费均值见表4-4-61。“满巢4期”居民体育健身指导与培训消费水平最高，“满巢1期”的居民此项消费水平最低。

表4-4-61 不同家庭生命周期居民体育健身指导与培训消费描述性分析

家庭生命周期	样本量	平均值	标准差	标准误
无巢期	151	3.21	1.985	0.162
筑巢期	192	2.61	1.813	0.131
满巢1期	163	1.44	1.000	0.078
满巢2期	186	1.74	1.290	0.095

续表

家庭生命周期	样本量	平均值	标准差	标准误
满巢3期	171	3.47	2.181	0.167
满巢4期	176	3.80	2.176	0.164
满巢5期	165	1.96	1.334	0.104
空巢期	180	1.46	0.918	0.068
合计或平均	1384	2.45	1.870	0.050

单因素方差分析结果显示，在5%的显著水平下，不同家庭生命周期居民体育健身指导与培训消费存在显著性差异，见表4-4-62。

表4-4-62　不同家庭生命周期居民体育健身指导与培训消费单因素方差分析

类别	平方和	自由度	均方	*F*	*Sig.*
组间	1067.795	7	152.542	55.693	0
组内	3768.864	1376	2.739	—	—
合计	4836.659	1383	—	—	—

Scheffe法多重比较结果显示见表4-4-63，在5%的显著水平下，“无巢期”“满巢3期”和“满巢4期”居民体育健身指导与培训消费水平显著高于“满巢1期”“满巢2期”“满巢5期”和“空巢期”居民，“无巢期”“满巢3期”和“满巢4期”居民此项消费水平没有显著性差异，“满巢1期”“满巢2期”“满巢5期”和“空巢期”居民此项消费水平没有显著性差异。

表4-4-63　不同家庭生命周期居民体育健身指导与培训消费多重比较结果

分组	a	b	c	d	e	f	g	h
家庭生命周期	无巢期	筑巢期	满巢1期	满巢2期	满巢3期	满巢4期	满巢5期	空巢期
平均值	3.21	2.61	1.44	1.74	3.47	3.80	1.96	1.46

注：事后多重比较结果为a>c，a>d，a>g，a>h，b>c，b>d，b>h，e>c，e>d，e>g，e>h，f>b，f>c，f>d，f>g，f>h。

③体育健身活动与比赛消费。

不同家庭生命周期居民体育健身活动与比赛消费均值见表4-4-64。“无巢期”居民体育健身活动与比赛消费水平最高，“空巢期”的居民此项消费水平最低。

表4-4-64 不同家庭生命周期居民体育健身活动与比赛消费描述性分析

家庭生命周期	样本量	平均值	标准差	标准误
无巢期	151	3.15	1.875	0.153
筑巢期	192	2.69	1.747	0.126
满巢1期	163	1.69	0.946	0.074
满巢2期	186	1.78	1.074	0.079
满巢3期	171	2.46	1.484	0.114
满巢4期	176	1.93	1.219	0.092
满巢5期	165	1.38	0.858	0.067
空巢期	180	1.19	0.626	0.047
合计或平均	1384	2.02	1.430	0.038

单因素方差分析结果显示，在5%的显著水平下，不同家庭生命周期居民体育健身活动与比赛消费存在显著性差异，见表4-4-65。

表4-4-65 不同家庭生命周期居民体育健身活动与比赛消费单因素方差分析

类别	平方和	自由度	均方	*F*	*Sig.*
组间	534.917	7	76.417	45.832	0
组内	2294.247	1376	1.667	—	—
合计	2829.165	1383	—	—	—

Scheffe法多重比较结果显示见表4-4-66，在5%的显著水平下，“无巢期”“筑巢期”和“满巢3期”居民体育健身活动与比赛消费水平显著高于“满巢1期”“满巢2期”“满巢4期”“满巢5期”和“空巢期”居民，“无巢期”“筑巢期”和“满巢3期”居民此项消费水平不存在显著性差异，“满巢1期”“满巢2期”“满巢5期”和“空巢期”居民此项消费水平

不存在显著性差异。

表4–4–66 不同家庭生命周期居民体育健身活动与比赛消费多重比较结果

分组	a	b	c	d	e	f	g	h
家庭生命周期	无巢期	筑巢期	满巢1期	满巢2期	满巢3期	满巢4期	满巢5期	空巢期
平均值	3.15	2.69	1.69	1.78	2.46	1.93	1.38	1.19

注：事后多重比较结果为a>c，a>d，a>e，a>f，a>g，a>h，b>c，b>d，b>f，b>g，b>h，d>h，e>c，e>d，e>f，e>g，e>h，f>g，f>h。

家庭生命周期理论认为，由于处于家庭生命周期的不同阶段，家庭收入水平和家庭规模不同，家庭消费热点和消费方式也存在较大差异，即使处于相同的家庭生命周期，不同的家庭类型和家庭目标也会导致消费热点和消费方式的差异。家庭消费热点反映了家庭消费商品或劳务的重点或兴趣。家庭消费方式表现为消费产品的档次和类型，例如，是高端化还是大众化，是享乐型还是节俭型，服务性消费比重高还是实物性消费比重高等。

“无巢期”居民以单身阶段的年轻人为主，没有家庭负担，收入基本由自己支配，闲暇时间充裕，“满巢3期”和“满巢4期”居民一般处于事业稳定期，收入较高且比较稳定，子女已经读中学或大学，家庭负担相对较轻，有经济能力和闲暇时间参与体育健身运动，体育健身消费成为消费热点。这两个时期的人群比较热衷于与体育健身消费相关的各种消费，尤其是“满巢4期”居民，消费方式具有高端化享受型的特点，反映在体育健身消费上为服务性消费水平最高，实物性消费较高。“筑巢期”居民刚刚组建家庭，住房、家电、家具、汽车等成为消费热点，可能因此影响了体育健身消费。主要受收入的限制，消费方式以大众化节俭型为主，体育健身实物性消费和服务性消费都处于中等水平。“满巢1期”和“满巢2期”居民，子女处于幼小阶段，照顾子女的时间相对较多，儿童用品成为家庭消费的热点，因此，缺少闲暇时间和大量消费转向儿童用品可能是影响体育健身方面消费的主要原因。处于“满巢5期”和“空巢期”的居民，其子女已经工作，虽然家庭负担较轻，但绝大部分居民年龄较大，一般会选择物美价廉的体育健身实物产品，主要参与对场地、设施要求比较简单的运动项目，聘请公益性社会体育指导员，体育健身服务性消费水平较低。

4.4.3 收入、消费、价格对体育健身服务性消费的影响

（1）体育健身服务性消费基本变动趋势。

健身活动消费支出代表了健身服务性消费支出的绝对水平。国家统计局对文化娱乐服务的消费支出分5类进行统计，包括参观浏览、健身活动、团体旅游、其他文娱活动和文娱用品修理服务费。从表4-4-67可以看出：2012年，三城市健身活动消费支出金额远低于团体旅游和其他文娱活动的消费支出，在文化娱乐服务性消费中仍处于比较低的消费水平。说明三城市居民虽然体育健身消费意识不断增强，消费支出水平不断增加，但健身活动消费支出水平仍然较低，仍有较大增长空间。

表4-4-67 2012年三城市文化娱乐服务消费支出

城市	文化娱乐服务（元）				
	参观浏览	健身活动	团体旅游	其他文娱活动	文娱用品修理服务费
北京	141.2	138.2	1068.1	301.7	9.1
天津	60.8	18.6	466	221.4	9.2
上海	92.3	92.3	960.9	391.2	26.3

数据来源：国研网统计数据库。

由于统计数据可获性的限制，本研究选取2003—2012年10年间，北京市、天津市和上海市人均健身活动消费支出数据进行分析。图4-4-1显示了2003—2012年10年间全国与三城市人均健身活动消费支出情况。从人均健身活动消费支出绝对金额来看，虽然人均健身活动消费支出金额不高，但10年间，三城市居民人均健身活动消费支出金额增长迅速。北京市、天津市、上海市的人均健身活动消费支出分别从2003年的15.1元、3.1元和9.43元增加至2012年的138.2元、18.6元和92.3元，分别增长了8.15倍、5倍和8.79倍，年均增长率分别为27.89%、22.03%和28.85%。同时期，三城市消费支出分别增长了1.16倍、1.55倍和1.38倍，年均增长率分别为8.93%、10.96%和10.11%。人均健身活动消费支出增长速度明显高于消费支出增长速度。从与全国数据的

比较来看，除天津市个别年份人均健身活动消费支出金额低于全国平均水平外，北京市、上海市历年人均健身活动消费支出金额均高于全国平均水平。10年间，全国人均健身活动消费支出从2.97元增加到24.8元，增长了7.35倍，年均增长26.59%，北京市、上海市人均健身活动消费支出增长速度高于全国水平，天津市增长速度则与全国持平（图4-4-1）。

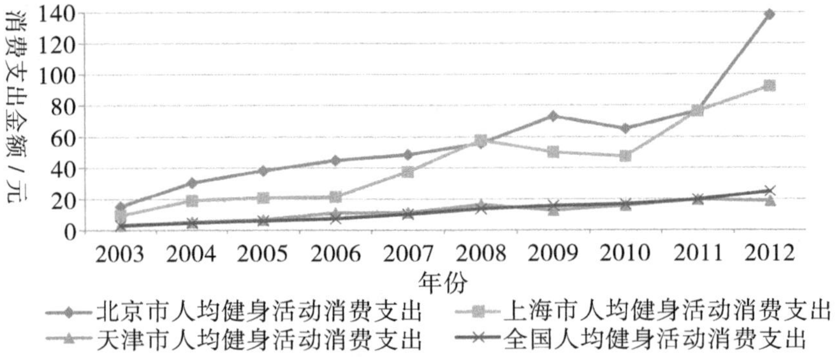

图4-4-1 2003—2012年全国及三城市人均健身活动消费支出金额

（数据来源：根据国研网统计数据库数据绘制）

（2）体育健身服务性消费在总消费中的比重。

健身活动消费在总消费中的比重代表了健身活动消费的相对水平。从健身活动消费占总消费比重的绝对值来看，2003—2012年，北京市、天津市和上海市的健身活动服务消费比重分别从2003年的0.14%、0.04%和0.09%增加到2012年的0.57%、0.09%和0.35%，三城市健身活动服务性消费比重总体呈现增长趋势。上海市和天津市的健身活动消费比重在2008年有明显提升，北京市在2009年有明显提升，之后三城市有所下降后又逐步上升。其原因主要是由于2008年奥运会的举办极大地促进了三城市居民参加体育健身的积极性。从与全国的比较来看，北京市和上海市健身活动消费在总消费中的比重始终高于全国平均水平；天津市健身活动消费在总消费中的比重10年间变化不大，2003—2008年与全国水平基本持平，而2009年之后略低于全国平均水平（图4-4-2）。

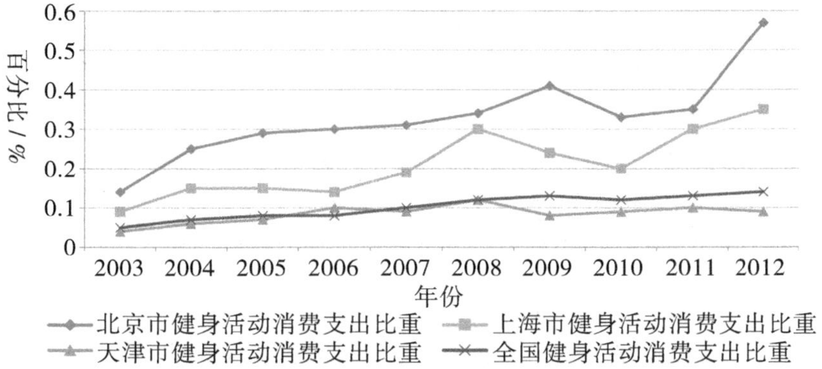

图4-4-2 2003—2012年全国及三城市健身活动消费支出比重

（数据来源：根据国研网统计数据库数据绘制）

（3）人均可支配收入与价格指数对体育健身服务性消费的影响。

影响健身活动消费需求水平的经济因素较多，但根据经济学的理论，个人可支配收入被认为是健身活动消费需求水平和消费行为的决定性因素。居民消费价格指数（CPI）是反映与居民生活有关的商品及劳务价格统计出来的物价变动指标，通常作为观察通货膨胀水平的重要指标。通货膨胀会影响体育健身产品的价格，最终也会影响健身活动消费需求水平。本部分选取城镇居民人均可支配收入和消费价格指数，利用2003—2012年国家统计局数据，分析京津沪三城市人均可支配收入、价格指数变化对健身活动消费需求水平的影响，即人均可支配收入—健身活动消费需求弹性和价格指数—健身活动消费需求弹性，并与全国数据进行比较，以认清三城市健身活动消费需求水平特征。

①数据选取与处理。

选取国家统计局2003—2012年全国及北京市、天津市、上海市城镇居民人均可支配收入（以下简称人均可支配收入）、城镇居民消费价格指数（以下简称消费价格指数）和城镇居民人均健身活动消费需求（以下简称健身活动消费需求）数据作为原始数据进行分析，人均可支配收入和消费价格指数来源于《中国统计年鉴》2004—2013年各年卷，健身活动消费需求数据来源于国研网统计数据库。为消除价格指数波动对人均可支配收入和健身活动消费需求的影响，以2003年消费价格指数为基期，对健身活动消费需求和收入数据进行平减。

②模型设定。

为减少数据波动和消除异方差问题，对各变量取对数，模型中的对数系数即为弹性系数，反映人均可支配收入和价格指数对健身活动消费需求水平的影响。建立模型为：

$$LNCSUMP\_i=\beta_{i1}LNPCDI\_i+\beta_{i2}LNCPI\_i+\varepsilon_i$$

其中，i表示地区，j为序号，以示区分，*CSUMP*表示健身活动消费需求水平，*PCDI*表示人均可支配收入，*CPI*表示消费价格指数，β_{ij}表示人均可支配收入（*PCDI*）和消费价格指数（*CPI*）对健身活动消费需求（*CSUMP*）的弹性系数；ε为随机误差项，满足经典模型相互独立、零均值、同方差的假设。

③实证结果与分析。

利用Eviews6.0软件，采用普通最小二乘法（OLS）对模型参数进行估计，回归模型估计结果及分析如下：

A.对全国回归结果（表4-4-68）。

表4-4-68　全国城镇居民人均可支配收入、价格指数对健身活动消费需求回归结果

变量	系数	标准误	T统计量	伴随概率
LNPCDI_QUANGUO	1.892347	0.151211	12.51459	0
LNCPI_QUANGUO	-3.415043	0.312701	-10.92112	0
决定系数	0.951796	因变量均值		2.292186
校正决定系数	0.945771	因变量标准差		0.678817
回归标准差	0.158077	赤池信息准则		-0.674609
残差平方和	0.199907	施瓦茨准则		-0.614092
对数似然值	5.373045	汉南-奎因准则		-0.740996
（DW）统计量	1.284480			

根据表4-4-68，得到全国的回归结果：

$$L\hat{NCSUMP\_QUANGUO}=1.892347LNPCDI\_QUANGUO-3.415043LNCPI\_QUANGUO$$

（12.514 59）（-10.921 12）

$R^2 = 0.951796$ $\overline{R}^2 = 0.945771$ DW=1.284480

从全国样本回归估计结果来看，模型拟合较好，修正后的可决系数 $\overline{R}^2 = 0.9457$，表明全国健身活动消费需求变化的94.57%可由人均可支配收入和消费价格指数的变化来解释。从*LNPCDI*系数来看，2003—2012年全国人均可支配收入对健身活动消费需求存在显著正相关关系，健身活动消费需求关于人均可支配收入的弹性系数为1.89，表明在消费价格指数不变的情况下，人均可支配收入增长1%，带动健身活动消费需求增长约1.89%。从*LNCPI_QUANGUO*系数来看，2003—2012年间消费价格指数对健身活动消费需求存在显著负相关关系，健身活动消费需求关于消费价格指数的弹性系数为3.42，表明在人均可支配收入不变的情况下，消费价格指数增加1%，导致健身活动消费需求减少约3.42%。

B.北京市回归结果（表4–4–69）。

表4–4–69 北京市城镇居民人均可支配收入、价格指数对健身活动消费需求回归结果

变量	系数	标准误	T统计量	伴随概率
LNPCDI_BEIJING	1.905707	0.215661	8.836595	0
LNCPI_BEIJING	–3.285280	0.467478	–7.027671	0.0001
决定系数	0.909159	因变量均值		3.901828
校正决定系数	0.897804	因变量标准差		0.587915
回归标准差	0.187946	赤池信息准则		–3.328472
残差平方和	0.282 588	施瓦茨准则		–0.267955
对数似然值	3.642360	汉南–奎因准则		–0.394859
（DW）统计量	1.421956			

根据表4–4–70，得到北京市的回归结果：

$$\widehat{LNCSUMP\_BEIJING} = 1.905707 LNPCDI\_BEIJING - 3.285280 LNCPI\_BEIJING \quad (8.836595) \quad (-7.027671)$$

$R^2 = 0.909159$ $\overline{R}^2 = 0.897804$ DW $= 1.421956$

从北京市样本回归估计结果来看，模型拟合较好，修正后的可决系数 $\overline{R}^2 = 0.8978$，表明北京市健身活动消费需求变化的89.78%可由人均可支配收入和消费价格指数的变化来解释。从*LNPCDI*系数来看，2003—2012年北京市人均可支配收入对健身活动消费需求存在显著正相关关系，健身活动消费需求关于人均可支配收入的弹性系数为1.91，表明在消费价格指数不变的情况下，人均可支配收入增长1%，带动健身活动消费需求增长约1.91%。从*LNCPI_QUANGUO*系数来看，2003—2012年间消费价格指数对健身活动消费需求存在显著负相关关系，健身活动消费需求关于消费价格指数的弹性系数为3.29，表明在人均可支配收入不变的情况下，消费价格指数增加1%，导致健身活动消费需求减少约3.29%。

C.天津市回归结果（表4-4-70）。

表4-4-70　天津市城镇居民人均可支配收入、价格指数对健身活动消费需求回归结果

变量	系数	标准误	T统计量	伴随概率
LNPCDI_TIANJIN	1.495333	0.263517	5.674517	0.0005
LNCPI_TIANJIN	-2.653539	0.556999	-4.763996	0.0014
决定系数	0.803689	因变量均值		2.333493
校正决定系数	0.779150	因变量标准差		0.597311
回归标准差	0.280704	赤池信息准则		0.473827
残差平方和	0.630360	施瓦茨准则		0.534344
对数似然值	-0.369137	汉南-奎因准则		0.407440
（DW）统计量	1.215487			

根据表4-4-70，得到天津市的回归结果：

$$\widehat{LNCSUMP\_TIANJIN} = 1.495333LNPCDI\_TIANJIN - 2.653539LNCPI\_TIANJIN \quad (5.674517)\ (-4.763996)$$

$$R^2 = 0.803689 \quad \overline{R}^2 = 0.779150 \quad DW = 1.215487$$

从天津市样本回归估计结果来看，模型拟合较好，修正后的可决系数 $\overline{R}^2$=0.7792，表明天津市健身活动消费需求变化的77.92%可由人均可支配收入和消费价格指数的变化来解释。从*LNPCDI*系数来看，2003—2012年天津市人均可支配收入对健身活动消费需求存在显著正相关关系，健身活动消费需求关于人均可支配收入的弹性系数为1.50，表明在消费价格指数不变的情况下，人均可支配收入增长1%，带动健身活动消费需求增长约1.50%。从*LNCPI_QUANGUO*系数来看，2003—2012年间消费价格指数对健身活动消费需求存在显著负相关关系，健身活动消费需求关于消费价格指数的弹性系数为2.65，表明在人均可支配收入不变的情况下，消费价格指数增加1%，导致健身活动消费需求减少约2.65%。

D.上海市回归结果（表4–4–71）。

表4–4–71　上海市城镇居民人均可支配收入、价格指数对健身活动消费需求回归结果

变量	系数	标准误	T统计量	伴随概率
LNPCDI_SHANGHAI	2.122989	0.285576	7.434061	0.0001
LNCPI_SHANGHAI	–3.862897	0.622724	–6.203221	0.0003
决定系数	0.876697	因变量均值		3.536715
校正决定系数	0.861284	因变量标准差		0.705511
回归标准差	0.262765	赤池信息准则		0.341743
残差平方和	0.552363	施瓦茨准则		4.02260
对数似然值	0.291287	汉南–奎因准则		0.275356
（DW）统计量	2.019680			

根据表4–4–71，得到上海市的回归结果：

$$\widehat{LNCSUMP\_SHANGHAI} = 2.122989LNPCDI\_SHANGHAI -$$

$$3.862897LNCPI\_SHANHAI \quad (7.434061)\quad(-6.203221)$$

R^2 false= 0.876697　$\overline{R}^2$ false=0.861284　DW =2.019680

从上海市样本回归估计结果来看，模型拟合较好，修正后的可决系数$\overline{R}^2$=0.8613，表明上海市健身活动消费支出变化的86.13%可由人均可支配收入和消费价格指数的变化来解释。从*LNPCDI*系数来看，2003—2012年上海市人均可支配收入对健身活动消费支出存在显著正相关关系，健身活动消费需求关于人均可支配收入的弹性系数为2.12，表明在消费价格指数不变的情况下，人均可支配收入增长1%，带动健身活动消费需求增长约2.12%。从*LNCPI_QUANGUO*系数来看，2003—2012年间消费价格指数对健身活动消费需求存在显著负相关关系，健身活动消费需求关于消费价格指数的弹性系数为3.86，表明在人均可支配收入不变的情况下，消费价格指数增加1%，导致健身活动消费需求减少约3.86%。

从全国和三城市回归结果可以看出，消费价格指数对健身活动消费需求的影响要大于可支配收入的影响，表明抑制价格指数上涨比增加居民可支配收入更可以有效刺激居民健身活动的消费需求，即改善与消费价格指数相关的供给侧因素，更能够提高居民的健身活动消费需求。

E.全国及京津沪三城市对比分析（表4-44-72）。

表4-4-72数据表明，人均可支配收入对健身活动消费扩大作用的地区差异非常显著，人均可支配收入增加后，健身活动消费增长幅度由大到小依次为上海市、北京市、全国、天津市。消费价格指数对健身活动消费抑制作用的地区差异非常显著，消费价格指数上涨后，健身活动消费下降幅度由大到小依次为上海市、全国、北京市、天津市。上海市人均可支配收入和消费价格指数对健身消费活动的影响程度均大于北京市、天津市及全国。

表4-4-72　全国及京津沪人均可支配收入—健身活动消费需求弹性、价格指数—健身活动消费需求弹性

地区	人均可支配收入—健身活动消费弹性（β_{i1}）	价格指数–健身活动消费弹性（β_{i2}）
全国	1.89	–3.42
北京市	1.91	–3.29
天津市	1.50	–2.65
上海市	2.12	–3.86

收入对体育健身服务性消费的影响如前所述，这里主要分析价格指数对体育健身服务性消费的影响。引入消费价格指数能够分析其他消费对体育健身服务性消费的替代作用。虽然发达城市人均可支配收入较高，但绝大多数居民健身消费观念与意识还不强，健身活动消费还没有成为居民日常生活消费的必需品，健身消费受物价波动影响较大。其他娱乐休闲产品对健身活动消费有较强的替代作用，健身消费与电影、文艺演出等其他文化娱乐休闲产品相比，除消费金钱与时间以外，运动技能也是制约因素之一，运动技能培训费用对居民健身活动消费有一定影响。另外，运动承诺

理论认为，健身活动消费还受运动乐趣的影响[84]，当人们没有在健身活动中享受到乐趣时，健身活动价格上涨会促使人们消费其他替代产品。

（4）人均消费支出与价格指数对健身活动服务性消费的影响。

健身活动服务性消费是消费的一部分，其他消费和总消费的变化会对健身活动服务性消费产生影响。由于没有体育健身服务性消费价格指数的统计数据，本研究选用娱乐教育文化用品消费价格指数来代替。选取城镇居民人均消费支出和娱乐教育文化用品及服务消费价格指数，利用2003—2012年国家统计局数据，分析京津沪三城市人均消费支出、娱乐教育文化用品及服务价格指数变化对健身活动消费需求水平的影响，即消费支出—健身活动消费需求弹性和娱乐教育文化用品及服务消费价格指数—健身活动消费需求弹性，并与全国数据进行比较，以认清三城市健身活动消费需求水平特征。

①数据选取与处理。

选取国家统计局2003—2012年全国及北京市、天津市、上海市城镇居民人均消费支出（以下简称人均消费支出）、城镇居民娱乐教育文化用品及服务性消费价格指数（以下简称娱乐消费价格指数）和城镇居民人均健身活动消费支出（以下简称健身活动消费支出）数据作为原始数据进行分析，人均消费支出、消费价格指数和娱乐消费价格指数来源于《中国统计年鉴》2004—2013年各年卷，健身活动消费支出数据来源于国研网统计数据库。为消除价格指数波动对人均消费支出和健身活动消费支出的影响，以2003年消费价格指数为基期，对消费和健身活动消费数据进行平减。

②模型设定。

为减少数据波动和消除异方差问题，对各变量取对数，模型中的对数系数即为弹性系数，能够反映人均消费支出和娱乐消费价格指数对健身活动消费需求水平的影响。建立模型为：

$$LNCSUMP\_i=\beta_{i1}LNPCCE\_i+\beta_{i2}LNECPI\_i+\varepsilon_i$$

其中：i表示地区，j为序号，以示区分，CUSMP表示健身活动消费需求水平，PCCE表示人均消费支出，ECPI表示娱乐消费价格指数，β_{ij}表示娱乐消费价格指数（ECPI）对健身活动消费需求（CSUMP）的弹性系数；ε为随机误差项，满足经典模型相互独立、零均值、同方差的假设。

③实证结果与分析。

利用Eviews6.0软件，采用普通最小二乘法（OLS）对模型参数进行估计。回归模型估计结果及分析如下。

A.全国回归结果及分析（表4-4-73）。

表4-4-73　全国城镇居民消费支出、娱乐消费价格指数对健身活动消费需求回归结果

变量	系数	标准误	T统计量	伴随概率
LNPCCE_QUANGUO	2.104253	0.127907	16.45137	0
LNECPI_QUANGUO	-3.723210	0.257135	-14.47960	0
决定系数	0.971074	因变量均值		2.319942
校正决定系数	0.967459	因变量标准差		0.689818
回归标准差	0.124438	赤池信息准则		-1.153160
残差平方和	0.123879	施瓦茨准则		-1.092643
对数似然值	7.765800	汉南-奎因准则		-1.219547
（DW）统计量	1.144491			

根据表4-4-73，得到全国的回归结果：

$$\widehat{LNPCCE\_QUANGUO} = 2.104253LNPCCE\_QUANGUO - 3.723210LNECPI\_QUANGUO$$（16.45137）（-14.47960）

$R^2 = 0.971074$　$\overline{R}^2 = 0.967459$　DW =1.144491

从全国样本回归估计结果来看，模型拟合较好，修正后的可决系数$\overline{R}^2$ =0.9675，表明全国健身活动消费支出变化的96.75%可由人均消费支出和娱乐消费价格指数的变化来解释。从*LNPCCE_QUANGUO*系数来看，2003—2012年全国人均消费支出对健身活动消费支出存在显著正相关关系，健身活动消费支出关于人均消费支出的弹性为2.10，表明在娱乐消费价格指数不变的情况下，人均消费支出增长1%，健身活动消费支出平均增长约2.10%。从*LNCPI_QUANGUO*系数来看，2003—2012年间娱乐消费价格指数对健身活动消费支出存在显著负相关关系，健身活动消费支出关于娱乐消费价格指数的弹性为-3.72，表明在人均消费支出不变的情况下，娱乐消费价格指数增加1%，导致健身活动消费支出减少约3.72%。

B.北京市回归结果（表4-4-74）。

表4-4-74 北京市城镇居民消费支出、娱乐消费价格指数对健身活动消费需求回归结果

变量	系数	标准误	T统计量	伴随概率
LNPCCE_BEIJING	2.321071	0.310056	7.485981	0.0001
LNECPI_BEIJING	−4.018064	0.650039	−6.181266	0.0003
决定系数	0.876567	因变量均值		3.908881
校正决定系数	0.861138	因变量标准差		0.591899
回归标准差	0.220567	赤池信息准则		−0.008378
残差平方和	0.389197	施瓦茨准则		0.052139
对数似然值	2.041891	汉南−奎因准则		−0.074765
（DW）统计量	1.572739			

根据表4-4-70，得到北京市的回归结果：

$$LNPCCE\_BE\hat{I}JING = 2.321071LNPCCE\_BEIJING - 4.018064LNECPI\_BEIJING$$（7.485981）（−6.181266）

$R^2 = 0.876567$ $\overline{R}^2 = 0.861138$ DW =1.572739

从北京市样本回归估计结果来看，模型拟合较好，修正后的可决系数 $\overline{R}^2 = 0.8611$，表明北京市健身活动消费支出变化的86.11%可由人均消费支出和娱乐消费价格指数的变化来解释。从*LNPCCE_BEIJING*系数来看，2003—2012年北京市人均消费支出对健身活动消费支出存在显著正相关关系，健身活动消费支出关于人均消费支出的弹性为2.32，表明在娱乐消费价格指数不变的情况下，人均消费支出增长1%，健身活动消费支出平均增长约2.32%。从*LNECPI_BEIJING*系数来看，2003—2012年间娱乐消费价格指数对健身活动消费支出存在显著负相关关系，健身活动消费支出关于娱乐消费价格指数的弹性为−4.02，表明在人均消费支出不变的情况下，娱乐消费价格指数增加1%，导致健身活动消费支出减少约4.02%。

C.天津市回归结果（表4-4-75）。

表4-4-75　天津市城镇居民消费支出、娱乐消费价格指数对健身活动消费需求回归结果

变量	系数	标准误	T统计量	伴随概率
LNPCCE_TIANJIN	1.689010	0.208768	8.090366	0
LNECPI_TIANJIN	-2.993077	0.437466	-6.841846	0.0001
决定系数	0.885628	因变量均值		2.451892
校正决定系数	0.871331	因变量标准差		0.633748
回归标准差	0.227328	赤池信息准则		0.052011
残差平方和	0.413424	施瓦茨准则		0.112528
对数似然值	1.739945	汉南-奎因准则		-0.014376
（DW）统计量	1.443494			

根据表4-4-75，得到天津市的回归结果：

$$LNPCCE\_TIA\hat{N}JIN = 1.689010LNPCCE\_TIANJIN - 2.993077LNECPI\_TIANJIN \quad (8.090366)\ (-6.841846)$$

$$R^2 = 0.885628 \quad \overline{R}^2 = 0.871331 \quad DW = 1.443494$$

从天津市样本回归估计结果来看，模型拟合较好，修正后的可决系数$\overline{R}^2$=0.8713，表明天津市健身活动消费支出变化的87.13%可由人均消费支出和娱乐消费价格指数的变化来解释。从*LNPCCE_TIANJIN*系数来看，2003—2012年天津市人均消费支出对健身活动消费支出存在显著正相关关系，健身活动消费支出关于人均消费支出的弹性为1.69，表明在娱乐消费价格指数不变的情况下，人均消费支出增长1%，健身活动消费支出平均增长约1.69%。从*LNCPI_TIANJIN*系数来看，2003—2012年间娱乐消费价格指数对健身活动消费支出存在显著负相关关系，健身活动消费支出关于娱乐消费价格指数的弹性为-2.99，表明在人均消费支出不变的情况下，娱乐消费价格指数增加1%，导致健身活动消费支出减少约2.99%。

D.上海市回归结果（表4-4-76）。

表4-4-76　上海市城镇居民消费支出、娱乐消费价格指数对健身活动消费需求回归结果

变量	系数	标准误	T统计量	伴随概率
LNPCCE_SHANGHAI	2.368734	0.225189	10.51887	0
LNECPI_SHANGHAI	-4.256603	0.478828	-8.889629	0
决定系数	0.932230	因变量均值		3.572961
校正决定系数	0.923758	因变量标准差		0.719583
回归标准差	0.198690	赤池信息准则		-0.217282
残差平方和	0.315823	施瓦茨准则		-0.156765
对数似然值	3.086412	汉南-奎因准则		-0.283669
（DW）统计量	2.094063			

根据表4-4-76，得到上海市的回归结果：

$$\widehat{LNPCCE\_SHANGHAI} = 2.368734LNPCCE\_SHANGHAI - 4.256603LNECPI\_SHANGHAI \quad (10.51887)\quad(-8.889629)$$

$$R^2 = 0.932230 \quad \overline{R}^2 = 0.923758 \quad DW = 2.094063$$

从上海市样本回归估计结果来看，模型拟合较好，修正后的可决系数$\overline{R}^2$=0.9238，表明上海市健身活动消费支出变化的92.38%可由人均消费支出和娱乐消费价格指数的变化来解释。从*LNPCCE_SHANGHAI*系数来看，2003—2012年上海市人均消费支出对健身活动消费支出存在显著正相关关系，健身活动消费支出关于人均消费支出的弹性为2.37，表明在娱乐消费价格指数不变的情况下，人均消费支出增长1%，健身活动消费支出平均增长约2.37%。从*LNECPI_SHANGHAI*系数来看，2003—2012年间娱乐消费价格指数对健身活动消费支出存在显著负相关关系，健身活动消费支出关于娱乐消费价格指数的弹性为-4.26，表明在人均消费支出不变的情况下，娱乐消费价格指数增加1%，导致健身活动消费支出减少约4.26%。

从全国及三城市回归结果还可看出，娱乐消费价格指数对健身活动消费的影响大于消费支出的影响，表明抑制娱乐消费价格指数上涨比增加居民消费支出更可以有效刺激居民健身活动消费，即改善与消费价格指数相关的供给侧因素更能够提高居民的健身活动消费需求。

E.全国及京津沪三城市对比分析（表4-4-77）。

表4-4-77 全国及京津沪人均消费支出—健身活动消费需求弹性、娱乐消费价格指数—健身活动消费需求弹性

地区	人均消费支出—健身活动消费弹性（β_{i1}）	娱乐消费价格指数—健身活动消费弹性（β_{i2}）
全国	2.10	-3.72
北京市	2.32	-4.02
天津市	1.69	-2.99
上海市	2.37	-4.26

表4-4-77数据表明，消费支出对健身活动消费扩大作用的地区差异非常显著，消费支出增加后，健身活动消费增长幅度由大到小依次为上海市、北京市、全国、天津市。娱乐消费价格指数对健身活动消费抑制作用的地区差异非常显著，消费价格指数上涨后，健身活动消费下降幅度由大到小依次为上海市、北京市、全国、天津市。上海市消费支出和娱乐消费价格指数对健身消费活动的影响程度均大于北京市、天津市及全国。

根据发达国家发展历程的经验，消费增加会带来消费结构的变化与消费品质的升级。按照世界银行划分各国贫富程度的标准，2012年三城市人均GDP已经达到中上等富裕国家水平。进入富裕阶段后，居民消费结构升级特征明显：一是随着收入水平的提高，生存资料的收入弹性逐渐变小，享受资料、发展资料的收入弹性会逐渐提高；二是服务性产品消费在总消费支出中的比重上升；三是新型消费与服务对原有消费品和服务更新换代的速度加快，同时，品质升级还表现为新型产品和服务品质的增多，可供消费者选择的空间增加。健身活动消费属于发展和享受消费，也属于服务性消费，发达城市居民在消费支出和可支配收入增加后大幅提升，消费增速会更快。健身产业的发展，健身活动产品种类日益丰富，从广播操、课间操、工间操、武术、乒乓球、羽毛球、篮球、足球等对场地、器材要求不高的运动项目，发展成游泳、瑜伽、器械健身以及攀岩、滑雪、高尔夫等健身项目，健身消费活动内容不断丰富，消费需求层次明显提升。

价格对体育健身服务性消费品的影响服从一般的经济规律，只是由于体育健身服务性消费品特性上的差异导致价格对其影响程度与其他消费品不同。从需求上来说，正常商品的消费与价格的关系呈负相关。体育健身消费服务性产品属于正常商品，服从价格上升则消费量下降，价格下降则消费量上升的规律。而且体育健身服务性消费品的相对价格对其消费量的影响也是显著负向的，即体育健身服务性消费品消费量会随其相对价格的变动呈现出相反的变化趋势。体育健身服务性消费品通常属于非必需的消费品，其需求的价格弹性要比必需品大得多。因此，体育健身服务性消费品的需求弹性较大，即体育健身服务性消费品价格的小幅波动就能引起其消费量的大幅增减。

调查问卷和统计数据从不同的角度分析了京津沪三城市居民体育健身服务性消费的特征。调查问卷的数据主要从社会学意义上探讨了不同年龄、学历、职业、收入、闲暇时间、运动能力和家庭生命周期等因素所导致的居民体育健身服务性消费的差异。依据统计数据所做的分析主要着眼于从经济指标方面说明收入、消费和价格指数对体育健身服务性消费的影响。由于影响居民体育健身消费的环境和因素是动态的和复杂的，既有经济因素，也有非经济因素，因此，从这两方面进行分析有利于客观地认识京津沪三城市居民体育健身消费结构的总体情况。

小结：体育健身服务性消费中，健身场所消费最高，指导培训消费次之，活动与比赛消费最低。健身场所消费和指导培训消费呈现两极化现象，表明在发达城市，付费健身消费差异化、层次化特征明显。中年群体、高学历群体、职业稳定群体以及家庭负担较轻的群体是体育健身服务性消费的主要群体。年龄、学历、职业、可以支配收入、闲暇时间、运动能力、家庭生命周期对体育健身服务性消费产生影响。2003—2012年，人均可支配收入与健身服务性消费呈正相关，消费价格指数与健身服务性消费呈负相关；健身服务性消费增长幅度大于消费增长幅度，居民消费结构升级特征明显；抑制价格指数、增加消费支出比增加居民可支配收入更可以有效促进居民体育健身服务性消费。

4.5 京津沪三城市体育健身消费结构特征分析

4.5.1 京津沪三城市体育健身消费形态结构特征

根据调查结果，可以对京津沪三城市体育健身消费结构做出大致的描述（表4-5-1）。

表4-5-1 京津沪三城市体育健身消费结构

消费情况	体育健身消费结构	支出金额（元）		占体育健身消费总支出比重（%）		排名
体育健身实物性消费	体育健身服装鞋帽消费	741.3	1411.7	29.5	56.1	1
	体育健身器材消费	364.8		14.5		3
	体育健身报刊消费	35.7		1.4		7
	体育健身营养食品消费	269.9		10.7		5
体育健身服务性消费	体育健身场所消费	594.4	1104.7	23.6	43.9	2
	体育健身指导与培训消费	343.6		13.7		4
	体育健身活动与比赛消费	166.7		6.6		6
合计	体育健身消费总支出	2516.4		100	100	—

表4-5-1数据显示，三城市居民体育健身实物性消费的比重高于服务性消费的比重，体育健身消费结构出现了失衡现象。关于这一点可以和近邻国日本做一比较。日本是体育消费比较发达的国家，表4-5-2显示了2005—2012年日本体育消费结构情况。其中，设施利用与会费属于体育健身服务性消费，用品购买属于体育健身实物性消费。

表4-5-2 2005—2012年日本体育消费结构情况（亿日元）

消费项目	年份							
	2005	2006	2007	2008	2009	2010	2011	2012
现场观赛	7690	7235	8285	7051	5639	5917	5196	5462
用品购买	10312	10270	12656	13626	14749	12107	9603	8897
设施利用与会费	13804	15130	17832	20521	19926	15452	13844	15155

续表

消费项目	年份							
	2005	2006	2007	2008	2009	2010	2011	2012
合计	31806	32635	38773	41198	40314	33476	28642	29514

资料来源：付铁山，唐经国.日本体育消费市场的变化特征及其对我国的启示[J].商业经济，2014（5）：3-4。

从表4-5-2可以看出，2005—2012年日本体育消费结构中，始终是设施利用与会费消费最大，表明日本体育健身消费结构中，服务性消费大于实物性消费。

在实物性消费中，体育健身服装鞋帽消费仍然是居民消费的主要内容。但是，服装鞋帽在体育健身实物性产品中恰恰是最难以清晰界定的产品，其他产品如体育健身报刊消费最少，表明人们阅读习惯发生了改变，新媒体代替报刊成为居民获取信息的主要方式，其中也包括体育健身信息。在服务性消费中，健身场所消费最高，而健身指导与培训消费以及体育健身活动与比赛消费比较低，表明体育健身场所消费是三城市居民主要的服务性消费方式，三城市居民对健身指导培训和活动比赛消费需求较小。

4.5.2 京津沪三城市体育健身消费支出结构特征

按照消费资料的内容，体育健身消费支出结构分为体育健身服装鞋帽消费、体育健身器材消费、体育健身报刊消费、体育健身营养食品消费、体育健身场所消费、体育健身指导与培训消费、体育健身活动与比赛消费。根据调查结果对京津沪三城市体育健身消费支出结构做出了大致描述（表4-5-1）。

表4-5-1显示，体育健身服装鞋帽在三城市居民的体育健身消费中排在第一位，是最大的消费支出。美国是世界上体育消费最发达的国家，表4-5-3显示了2000年美国部分体育健身消费项目的情况。

表4-5-3　2000年美国体育健身消费结构

消费项目	消费金额（亿美元）	比重（%）	排名
体育休闲	290	38.9	1
体育器材	213	28.6	3
运动服装鞋帽	242	32.5	2
合计	745	100	—

数据来源：根据王治君.美国体育产业结构研究[D].武汉：华中师范大学，2014.整理。

从表4-5-3可以看出，2000年美国体育健身消费中，体育休闲消费是支出最大的项目，而京津沪三城市的体育健身消费结构中，体育健身服装消费是消费支出最大的项目。

4.5.3　京津沪三城市居民未来一年体育健身消费选择

问卷调查显示，未来一年京津沪三城市居民的体育健身消费支出选择略有变化（表4-5-4）。

表4-5-4　京津沪三城市未来一年居民体育健身消费支出项目增加情况

消费支出项目	选择人数	比例（%）	排名
体育健身服装鞋帽	806	58.2	1
体育健身器材	454	32.8	5
体育健身报刊	178	12.9	7
体育健身营养食品	431	31.1	6
体育健身场所	725	52.4	2
体育健身指导与培训	508	36.7	4
体育健身活动与比赛	684	49.4	3

从表4-5-4可以看出，体育健身服装鞋帽、体育健身场所消费依然排在三城市居民未来消费支出的前两位，与当前消费结构不同的是，三城市居民未来健身活动比赛消费将上升到第3位，健身器材消费将下降到第5位，表明三城市居民未来对健身活动比赛消费需求增加，健身器材消费下降。体育健身服务性消费比重增加，实物性消费比重下降。

表4-5-5反映了三城市居民未来一年是否会购买体育健身产品以及打算购买何种价位体育健身产品的选择情况。

表4-5-5　京津沪三城市居民未来一年体育健身产品或服务价位选择情况

体育健身消费支出项目	打算购买						不打算购买
	高端价位		中等价位		低端价位		
	人数	百分比（%）	人数	百分比（%）	人数	百分比（%）	
体育健身服装鞋帽	398	32.3	431	35.0	402	32.7	153
体育健身器材	121	15.0	425	52.5	263	32.5	575
体育健身报刊	68	13.9	173	35.5	247	50.6	896
体育健身营养食品	160	26.9	283	47.6	152	25.5	789
体育健身场所	138	15.0	476	51.7	316	34.3	464
体育健身指导与培训	132	21.6	297	48.5	183	29.9	772
体育健身活动与比赛	286	30.2	529	55.9	131	13.8	438

上述调查结果显示，体育健身服装鞋帽选择高端价位、中等价位和低端价位的比例比较接近，中等价位产品比重略高；体育健身报刊选择低端价位比例最高。健身活动与比赛和营养食品选择中等价位服务或产品的比重最高，高端价位产品的比重次之，低端价位最少；健身器材、健身场所和健身指导与培训选择中等价位产品或服务的比重最高，其次为低端价位，最少的为高端价位。以上数据表明，三城市居民未来消费以中等价位的体育健身产品与服务为主。数据还可以看出，从不打算购买人数来看，未来三城市增长最快的依然是体育健身服装鞋帽，之后依次是体育健身活动与比赛和健身场所消费。

小结：京津沪三城市居民体育健身实物性消费的比重高于服务性消费的比重，体育健身服装鞋帽消费最高。通过与日本、美国的体育健身消费结构比较可知，三城市体育健身形态消费结构和支出结构均出现了失衡现象。未来三城市居民体育健身活动消费需求将上升为第3位，健身器材消费需求将下降到第5位，表明未来三城市服务性消费比重将增加，实物性消费比重将下降。

4.6 京津沪三城市体育健身供给分析

4.6.1 供给客体：中等收入群体是体育健身产品和服务市场供给重点

前面的分析表明，无论是体育健身实物性消费还是服务性消费，中年群体、高学历群体、职业稳定群体以及家庭负担较轻的群体均是主要的消费群体。这些消费群体在京津沪三城市中基本属于中等收入群体的范畴。

发达国家的经验表明，伴随着经济发展水平的不断提高，中等收入群体的比例会不断扩大。目前对中等收入群体的概念没有统一的解释。世界银行以收入、财富或财产作为划分标准；亚洲开发银行则以消费支出作为定义中等收入群体的标准。美国学者莱特・米尔斯从职业的角度划分美国中等收入群体；我国学者刘毅根据职业、收入、消费来界定中等收入群体，李春玲在刘毅的基础上增加了生活方式、主观认同等综合标准来界定中等收入群体。本研究根据国家统计局和“十三五”规划纲要中的表述方式，在名称上采用“中等收入群体”。在中等收入群体划分指标方面，综合上述学者的研究成果，本研究以收入、职业、教育程度和消费等指标作为划分中等收入群体的指标。主要是基于以下三方面的考虑：一是这些客观指标能明确地表示社会群体的界线，容易判断；二是测量所需的数据可以通过国家统计年鉴获得，能够作为长期跟踪研究的数据支撑；三是出于实际的考虑，尽管生活方式和主观认同是社会群体界定的一个重要方面，但当前，我国中等收入群体发展还未成熟，曾经进行的一些中等收入群体生活方式和主观认同问卷调查结果均出现较大差异。

中等收入群体的特征表现在：第一，收入水平较高。我国国家统计局将城镇居民收入划分为5个层次，分别为低收入户、中等偏下户、中等收入户、中等偏上户和高收入户，其中，中等偏下户、中等收入户、中等偏上户属于中等收入群体。2014年三城市中等收入群体人均可支配收入在2.7万～5.2万元。第二，有稳定的工作。有研究表明，党政干部、经理层、私营企业的首席执行官、高技术人员和办公室职员中，中等收入群体所占比重较大。第三，受过良好的教育。学者李春玲（2005年）研究表明，无论以哪个标准划分中等收入群体，一般都拥有大专及以上学历。第四，注重生活品质。随着收入水平的提高，中等收入群体的家庭消费支出结构会发生变化，用于读书、旅游、健身等闲暇消费的比重不断增加。

上述特征表明，与低收入群体相比，中等收入群体对生活质量的要求更高，其消费行为也更趋于市场化。这不仅扩大了潜在的体育健身消费需求，而且对体育健身市场供给的个性化和多元化提出了要求。

改革开放40多年来，我国中等收入群体的人数和规模不断扩大。以北京市为例，2015年11月，北京工业大学、北京市社会工委及社会科学文献出版社发布了《社会建设蓝皮书：2015年北京社会建设分析报告》（以下简称《蓝皮书》），该报告从职业的角度界定了中等收入群体。报告还指出，第六次人口普查已经结束5年，按照中等收入群体每年增加1%计算，估计目前北京市中等收入群体的比例达到40%左右，预计到2025年北京中等收入群体比例将达到50%，接近理想的“橄榄形”社会。《蓝皮书》中按照职业划分中等收入群体的方法是简单且能够接受的。由于没有查阅到上海市和天津市以及全国有关中等收入群体数量和比重的相关数据，按照《蓝皮书》中依据职业对中等收入群体的划分，再结合人均收入、消费支出以及受教育程度等指标，笔者推测上海市和天津市中等收入群体的比重在全国也处于前列。因此，对企业来说，京津沪三城市中等收入群体是体育健身产品和服务的主要供给对象。

4.6.2 供给主体：市场是体育健身产品和服务的供给主体

目前京津沪三城市经济发展水平和居民对生活质量要求的不断提高具备了市场作为体育健身产品和服务供给主体的基础和条件。因此，应该充分发挥市场在三城市体育健身产品和服务供给中的主导作用。但当前，三城市体育健身产品市场供给存在以下主要问题。

（1）体育健身场馆供给不足，人均场地面积不足和场馆资源闲置并存。

体育场馆在满足体育健身供给中具有重要作用，是保证体育健身服务供给的重要载体。目前京津沪三城市体育场馆存在的主要问题有以下几个。第一，人均场地面积小。2013年《北京市体育产业重点领域专项调查报告》数据显示，北京市人均体育场地面积1.6平方米。上海市第六次体育场地普查数据显示，以2013年末上海市常住人口（2415.15万人）计算，平均每万人拥有体育场地15.94个，人均体育场地面积1.72平方米。天津市第六次体育场地普查数据显示，以2013年底天津总人口1472.21万人计算，每万人拥有体育场地数量为11.02个，人均体育场地面积为2.12平方米。美国人均体育场地面积约为15平方米，日本人均体育场地面积约为19平方米。可见，三城市人均场地面积远低于美国、日本。第二，部分体育场馆还经常处于闲置的状态，因为这些场馆的兴建是为了举办大型竞技体育赛事，设计之初并未太多考虑大众健身的需求，不具备多样性的运动健身条件。第三，现有的已经开放的体育场馆所有权和经营权不清晰，且经营管理手段落后。因此，今后应以市场化的方式合理配置体育场馆资源：一是以自主经营、承包经营、委托经营等多种经营方式，盘活现有体育场馆资源；二是吸引社会资本兴建距离居民工作生活比较近的小型化、多功能的体育场馆，并通过提供场地、提供各类健身指导和培训以及举办各类文化娱乐活动的方式，在取得经济收益的同时满足居民多元化的需求。

（2）体育健身企业规模小，产品同质化，缺乏品牌企业。

目前三城市健身俱乐部数量较多，也有一些国内知名的健身品牌企业。在中国品牌网评出的十大健身品牌企业中，上海市有4家企业入围，北京市有2家企业入围，天津则没有体育健身企业入围。但是与发达国家知名的健身品牌企业相比，以上国内体育健身品牌企业在企业规模、品牌效益等方面均存在巨大差距。连锁店数量和会员数量在很大程度上反映了体育健身企业的规模。发达国家体育健身企业规模比较大，在全球连锁经营和加盟经营的健身俱乐部数量多，一般有几百家，甚至上千家，会员人数众多，通常采取集团化、连锁性垄断经营，品牌效应明显。如某全球健身连锁品牌2014年5月在全世界内拥有超过2500家分店。截至2014年底，某欧洲领先的连锁健身俱乐部运营商共计拥有338家健身俱乐部，美国最大的健身中心商业运营商在美国和加拿大等地共经营400多家健身中心，全球拥有400多万会员。美国某健身连锁品牌在北美、南美、欧洲、亚洲的众多国家建立了300多家门店，同时服务超过120万的健身会员。某女性专用的连锁加盟健身俱乐部在欧洲德国、奥地利、瑞士、波兰、斯洛伐克、意大利、西班牙等国家拥有超过550家分店。

根据专家访谈结果和利用百度地图搜索三城市健身俱乐部的数量，大致情况是：北京市五环以内各类健身俱乐部有1292家，上海市中环路以内各类健身俱乐部有2552家，天津市外环线以内各类健身俱乐部有345家，虽然这些数据不能准确代表三城市健身俱乐部的数量，但从一定程度上反映出三城市健身俱乐部的数量是比较多的。数量众多的健身俱乐部的规模较小、缺乏大型的企业集团式经营组织，这可以从从业人员数量和连锁店的数量体现出来。从业人员数量从一定程度上反映了企业的规模。参照《统计上大中小微型企业划分办法》中对企业规模的规定，体育健身休闲属于“其他未列明行业”，从业人员在300人以上的属于大型企业，100～300人的属于中型企业，10～100人属于小型企业。依据2013年上海市虹口区调查的数据，并结合专家访谈结果，三城市体育健身企业从业人员大多为100人以下。健身行业普遍采用品牌连锁和加盟的模式，连锁店的数量则反映了企业规模的大小。北京市90%以上健身俱乐部采用品牌连锁和加盟的模式，但是企业规模总体不大，连锁店数量多的在百家以上，少的只有几家连锁店。上海市情况亦是如此。可见，三城市健身俱乐部虽然总体数量较多，但是与世界上一些发达国家体育健身企业相比，规模则非常小。三城市体育健身企业应积极拓展产业链，向体育健身集团化、集群化发展。在提供传统体育健身服务产品的基础上，积极开展体育健身服装与器械研发制造、健身营养食品研发、体育健身指导人才的培训等，以推动整个体育健身行业的规模化发展。有条件的体育健身企业在积极开拓国内市场的同时，也可以通过托管、并购和建立合作关系等方式拓展海外市场。

京津沪三城市的健身俱乐部还可以借鉴国外一些经验。第一，对健身产品核心价值的深刻理解。纽约一家健身俱乐部的经营者认为“真正的奢华是享受自己的健康和把握自己的健康”，健身产品的核心价值是提高顾客的“综合健康水平”，而不是爆发力有多强，能做多重，能跑多长。第二，提升健身产品的内涵与服务，提升顾客体验。除高质量的硬件设施外，健身俱乐部更加注重私人教练的服务和软件设施、整体的营养管理和顾客体验。伦敦一家健身房的经营者更是创新性的采用按次付费的经营模式，目的是提升顾客体验，经营者认为只有保证健身课程的质量，才能使顾客产生下次消费。第三，重视产品创新与精细化管理，如美国、德国、澳大利亚的健身俱乐部普遍建立了全面质量管理服务体系，强调产品的差异性和个性化；重视不同人群的市场细分，针对不同人群进行健身产品设计和市场开发。

4.6.3 供给内容：以多样化、个性化的中高端体育健身产品和服务为主

（1）加大对三城市体育健身服务性产品的市场供给。

首先，三城市的人口特征决定了体育健身产品供给应向服务性产品倾斜。从年龄结构看，三城市劳动人口比例均高于全国水平，而老龄人口比例和抚养比均低于全国水平。中青年人群比老年人更愿意到付费的健身场所健身，更愿意参与付费的健身活动与比赛，更倾向聘请私人教练，是体育健身服务产品消费的主要人群。其次，从学历结构看，三城市15岁以上文盲比例低于全国水平，而大专以上学历人口比例高于全国水平，表明三城市居民具有较好的教育背景和较高的文化水平。如前所述，学历是体育健身服务产品消费的影响因素，学历越高，健身意识越强，掌握的健身知识和健身技能越多，运动能力越强，越愿意参与体育健身活动，体育健身服务产品消费水平越高。最后，三城市家庭结构决定了体育健身产品供给应向服务性产品倾斜。三城市家庭二人户和三人户比例高于全国水平，表明三城市家庭人口数较少，家庭规模较小。家庭规模小型化有利于增加闲暇时间和家庭人均可支配收入，闲暇时间的增多和人均可支配收入增加是体育健身服务产品消费必要条件。此外，处于不同的家庭生命周期，家庭人均可支配收入和闲暇时间也存在比较大的差异。“满巢4期”和“满巢3期”居民由于可支配收入较高，闲暇时间较多导致体育健身场所消费和体育健身指导与培训消费水平较高，“无巢期”和“筑巢期”居民由于闲暇时间和运动能力较强导致体育健身活动和比赛消费水平较高。因此，未来应增加体育健身服务性产品的供给。

（2）体育企业应提供更多个性化、多样化的产品和服务。

京津沪三城市中等收入群体对个性化和中高端体育健身产品和服务有较大的消费需求，主要体现在两方面。第一，在体育健身服务性产品选择上，热衷于户外运动。以冰雪运动为例，北京联合张家口成功申办2022年冬奥会后，北京市政府于2016年3月7日发布了《关于加快冰雪运动发展的意见（2016—2022年）》及七项配套规划。规划指出，2022年北京全市冰雪体育产业收入规模将达到400亿元左右，将有800万人参与到冰雪运动中。北京市还将通过鼓励引导社会资本投资冰雪体育产业、推广政府和社会资本合作模式、推动冰雪产业与文化、旅游、科技、会展等产业融合发展等多种措施扩大冰雪运动产品和服务供给，积极促进冰雪体育消费。在北京、张家口大力发展冰雪产业的带动下，必将在京津冀地区掀起群众参与冰雪运动的热潮。第二，偏好功能性强、科技含量高的体育用品。仍以户外运动为例，户外运动所需要的装备专业性强，种类繁多、功能各异。未来对功能性、科技含量较高的体育户外运动器材和产品有很多的需求。生产相关产品的企业应抓住这一机遇，积极开发满足不同消费群体需求的个性化、中高端的户外健身活动与赛事服务产品，建设户外营地、场所及配套设施，研发功能性、高科技含量的器材装备，组织户外技能与知识培训，积极探索体育健身与旅游、地产、酒店、餐饮等产业融合发展的新模式。

企业经营者的决策水平表现在对消费者体育健身偏好和体育健身行为规律的把握上，不同年龄、学历、职业和家庭生命周期的居民面临不同的资源约束，具有不同的健身偏好和健身行为，对体育健身实物性产品和服务性产品的需求也存在差异，体育健身企业应据此设计体育健身产品，采取产品、品牌、价格和促销差异化的经营策略，细分产品市场，明确产品定位，凸显产品功能，提升服务质量，采取有针对性的营销手段。第一，充分利用三城市丰富的自然资源和人文资源，提供多样化的体育健身产品和服务。京津沪三城市自然资源有山地、滨海、河流、湿地，既可以发展帆船帆板、沙滩运动等滨海运动休闲项目，又可以发展登山、徒步、骑行等山地户外健身项目，还可以开展划船、垂钓等湿地、河流健身项目，人文资源有传统节庆和现代节庆活动、体育赛事、体育建筑和设施。第二，充分利用三城市举办国内外大型体育赛事资源的优势，开发并提供多样化的体育健身产品和服务。目前北京市和上海市已经形成了多种运动项目、高级别、立体化的体育赛事结构，如北京国际马拉松赛和上海国际马拉松赛、北京中国网球公开赛和上海大师杯男子网球赛、F1赛车（上海站）、环北京职业公路自行车赛等。天津稍逊于京沪，但也曾举办过世界乒乓球锦标赛、WTA（国际女子网球协会 ）天津公开赛以及全国运动会等大型国内外体育赛事。此外，三城市的职业体育赛事多，职业体育俱乐部的成绩在全国名列前茅。大型体育赛事可以为体育企业的营销活动提供平台。体育企业通过对不同运动赛事的赞助活动，不仅可以宣传企业的最新产品，扩大品牌效应，而且容易得到不同运动项目消费者反馈的信息，有利于企业生产符合消费者个性化和多样化的产品，从而扩大市场的有效供给。

（3）充分发挥互联网和新媒体的作用。

根据三城市中年群体、高学历群体、职业稳定群体是体育健身的主要消费群体的特征，政府和企业应充分发挥互联网和新媒体在宣传科学的体育健身理念、促进体育健身消费、扩大体育健身产品和服务有效供给方面的作用。第一，大量运动类APP产品种类繁多，功能各异，满足了不同体育健身人群的健身、社交等多种需求。据用户量最大的运动类APP资料显示，2015年其用户量达到3000万，90%以上的用户是软件用户,月活跃用户已达40万；借助互联网，像“运动手环”这样的可穿戴产品等智能装备层出不穷，成为健身达人的必备产品。第二，互联网和新媒体使体育健身指导更加贴近用户，多媒体的音频、视频传播效果及反复播放的特点更加适合体育健身指导与培训产品。第三，利用互联网开展体育健身场地、教练、培训等预约服务在京津沪三城市已经成为现实，其便捷性和高效性已经得到众多健身爱好者的认可。因此，今后三城市生产相关产品的企业应充分发挥互联网和新媒体在大数据积累和挖掘方面的优势，加大健身场馆服务、健身社交服务、健身技能培训、可穿戴运动装备、个人健身管理等产品的研发力度，推出种类丰富、质量上乘的“互联网+健身”产品，满足不同消费群体多样化、个性化的健身消费需求。

4.6.4　监管主体：充分发挥政府和行业协会作为监管主体作用

（1）加大立法和执法力度，规范市场环境。

当前三城市的商业健身俱乐部市场环境不尽如人意，如2010年有著名健身公司在北京地区关闭2家店、2011年北京著名健身公司有5家健身会所停业，2013年上海一家健身会所在未通知消费者的情况下突然闭店。一系列闭店事件一方面暴露出体育健身企业社会责任缺失、健身产品同质化严重，盈利模式单一等问题，另一方面也说明体育健身市场管理比较薄弱，市场监管缺失，体育健身市场的法制建设比较落后。

以健身服务行业“预付款消费”模式为例，该种模式即经营者以先从消费者处收取预付费的方式从事经营活动，通过约定期限分期分次提供商品或者服务。这种消费模式对消费者来讲存在潜在危机，也是发生纠纷的主要原因。如办卡后不按约定标准提供商品或服务；办卡后经营者单方提高收费标准或减少商品种类、降低质量或者服务标准；经营者自行设定有效期，期满后单方规定消费卡作废，余款概不返还；分店关门后，消费者只能到其他分店消费，甚至可能遭到其他分店的拒绝；经营者卷款而逃或更换经营者，新经营者单方宣告预付卡作废，余款不返还以及突然关门等。

虽然《中华人民共和国消费者权益保护法》对“预付款式消费”的监管做出了法律规定和监管要求，中国人民银行颁布的《非金融机构支付服务管理办法》也使第三方支付获得法律上承认的地位，但由于适用范围和领域单一，强制性不足，加上没有国家法律的保障，很难真正起到作用。目前尚没有国家或地方政府针对健身行业“预付款式消费”出台监管的政策性文件，在健身行业“预付款消费”还属于监管的盲区。为此，地方政府应发挥主导作用，建立由政府、银行、获得中国银行支付业务许可证的第三方机构和工商行政管理部门共同参与的“预付款式消费”监管模式。政府通过立法建立健身行业预付费式经营准入制度，设定健身企业最低注册资本和最低保证金缴纳标准，对符合标准的企业收取保证金并存入由工商行政管理部门在商业银行设立的专门账户，一旦发生类似突然停业这样的问题或企业破产、关闭、解散等，用保证金和利息对持卡人先行偿付，保证金不足的，以托管资金偿付。

（2）建立体育健身行业协会，加强市场监管职能。

行业协会是同行企业在自愿的基础上为增进共同利益组成的松散的经济团体，是介于政府、企业之间，商品生产者与经营者之间，并为协会内企业提供咨询、沟通、监督、自律、协调等服务的社会中介组织。行业协会作为一种自治性民间社会组织，通过行业规则实行自律管理。行业规则是典型的内部规则，它是在对行业内各个企业的权利和利益进行协调、平衡的过程中，通过谈判、协商、妥协等方式达成的一种共识，由协会成员共同遵守。相对于国家法律所建立的秩序而言，当国家法律缺位或有局限时，行业规则所建立的“私序”就成为国家法律所建立秩序的一种重要补充和替代。因此，行业协会通过自律功能实现了对经济秩序的自我调控，成为促进社会经济秩序建立的重要力量。

虽然当前三城市均已建立体育健身相关的行业协会，如北京市健美协会、上海市健美协会、天津市健美操运动协会等。虽然有些协会如上海市健美协会的章程中明确写有“负责对市级健身俱乐部的服务、指导、协调和管理”等类似协会职责，但在实践中，这些行业协会的主要职责并不是对健身企业的市场监管，而是推广普及各种健身项目，组织比赛活动，提高运动水平，开展各级各类健身指导人员和裁判人员的培训、认证以及各类国内外交流活动以及组织各类评比、评审活动，而在推动企业自律方面的作用非常有限。因此，三城市应建立体育健身企业的行业协会，并在制定行业规范、推动行业标准化建设、服务质量体系建设方面发挥积极的作用。在预付费监管上，体育健身行业协会也应发挥自己的作用，可以借鉴上海美容美发行业协会推出的《上海市美容美发预付费消费卡发售企业自律公约》和《售卡保证金交纳、使用、管理细则》制定具体的监管办法，构建合理的市场进入壁垒，保证市场内企业的有序竞争。

综上所述，从体育健身产品和服务的供给主体来看，由于京津沪经济发展和人均收入水平较高，特别是根据三城市主要消费群体的特点，应充分发挥市场作为供给主体的作用。从体育健身产品和服务的供给客体来看，三城市中等收入群体是市场和企业供给的主要对象。从体育健身产品和服务供给的重点来看，应在产权清晰的基础上，鼓励民营企业以市场化手段经营现有部分体育场馆，并吸引社会资本兴建多功能的小型体育场馆，扩大体育服务供给；通过三城市举办大型国内外体育赛事的资源和平台优势，加强市场调研，不断开发新产品，扩大有效供给；运用互联网和新媒体提供多层次和多样化的体育健身产品和服务。从体育健身产品和服务的监管主体来看，由于目前三城市体育健身行业的发展仍然不够规范有序，体育健身企业的规范诚信经营尚待提高，因此，政府应通过加大立法和执法的力度起到监管作用。此外，行业协会还可以通过制定行业标准，逐步使体育健身行业和企业进入良性发展的轨道，为消费者提供满意的体育健身产品和服务。

小结：中等收入群体是体育健身实物性消费和服务性消费的主要群体，他们对个性化和中高端的体育健身产品和服务有较大的消费需求，表现在三个方面：第一，偏好功能性强、科技含量高的健身实物产品；第二，在体育健身服务性产品选择上，热衷于户外运动；第三，偏好新媒体和“互联网+”的体育健身产品。中等收入群体的消费需求特征决定了三城市应以市场作为体育健身产品的供给主体。结合资源条件、中等收入群体的消费特征以及供给存在的主要问题，三城市体育健身产品和服务供给内容的重点为：第一，在产权清晰的基础上，鼓励民营企业以市场化手段经营现有部分体育场馆，并吸引社会资本兴建多功能的小型体育场馆；第二，通过三城市举办大型国内外体育赛事的资源和平台优势，加强市场调研，不断开发新产品；第三，运用互联网和新媒体提供多层次和多样化的体育健身产品和服务；第四，充分利用三城市丰富的自然资源和人文资源，提供多样化的体育健身服务产品。政府与行业协会应充分发挥作为监管主体的作用，逐步使体育健身行业和企业进入良性发展的轨道。

5　结论与建议

5.1　结　论

5.1.1　尽管京津沪三城市体育健身服务性消费增长较快，但体育健身实物性消费仍然大于服务性消费。这与三城市的经济发展水平和产业结构变动不相符合，与发达国家较为合理的体育健身消费结构也有差距。

5.1.2　中年群体、高学历群体、职业稳定群体以及家庭负担较轻的群体是体育健身实物性消费和服务性消费的主要群体，这些消费群体基本属于中等收入群体的范畴。

5.1.3　年龄、学历、职业、收入、运动能力和家庭生命周期对体育健身实物性消费和服务性消费产生影响；闲暇时间对体育健身实物性消费没有影响，而对居民体育健身服务性消费却有着重要影响。

5.1.4　从统计数据来看，人均可支配收入增长显著地促进了体育健身服务性消费的增长，消费价格指数上涨显著抑制了体育健身服务性消费的增长；抑制价格指数比增加可支配收入更可以有效促进体育健身服务性消费，扩大消费支出比增加可支配收入更可以有效促进体育健身服务性消费。

5.2　建　议

5.2.1　中等收入群体是体育健身产品和服务的主要消费群体，“十三五”规划中明确提出将提升中等收入人口比重。根据京津沪三城市体育健身消费结构及主要消费群体的特点，应充分发挥市场作为供给主体的作用，体育企业应将京津沪三城市中等收入群体作为市场供给的主要对象。

5.2.2 政府应通过制定相关政策措施，鼓励社会力量采取多种经营方式，盘活现有体育场馆资源；吸引社会资本兴建多功能且便利的小型体育场馆，以满足居民不断增长和变化的体育健身需求。

5.2.3 针对不同年龄所拥有的闲暇时间，互联网和新媒体应充分发挥作用，为中年群体、高学历群体提供个性化、多样化的体育健身服务性产品。

5.2.4 体育用品企业应通过研发功能性强、科技含量高的个性化和中高端的体育健身用品，实现产品升级，体育健身服务性企业应通过精细化管理、产品差异化、扩大企业规模等措施打造三城市体育健身品牌企业。

5.2.5 尽快建立规范的体育健身行业协会，通过制定行业标准，建立健全全面质量管理服务体系，为消费者提供满意的体育健身服务产品。此外，地方政府应根据体育健身行业的特点，加大立法和执法的力度，发挥监管作用，使体育用品业和体育健身业健康、良性发展。

后　记

四年的求学生活使我收获良多，特别是在完成博士论文的过程中，不仅在学业上有所进步，更重要的是磨炼了我的意志品质。这段紧张而充实的生活令我终生难忘。

感谢恩师靳英华教授，论文从选题到成稿都凝聚了恩师的智慧与心血。恩师总能在我彷徨困惑的时候，一针见血地指出我的问题，为我指点迷津；恩师总是在我迷茫无助的时候，给我鼓励与信心。无数次与靳老师的交流让我更深刻地理解了治学、为人、做事的道理。有幸成为恩师的学生，接受恩师的耳提面命、言传身教，是我人生的机遇，也是我一生享用不尽的财富，虽然达不到恩师的高度，但我会一如既往，继续努力。

感谢刘丰德教授、杨越研究员和肖祺老师在论文开题时给予的悉心指导，感谢祁国鹰教授、肖淑红教授、杨建荣副教授和梁强教授在论文写作过程中提出的宝贵意见，他们的建议给予我诸多启迪。

感谢各位授课老师的教育与引导，他们的思想为我的论文提供了丰厚的养料。

感谢管理学院的各位领导和老师在我撰写论文过程中提供的帮助与指导。

感谢研究生院的全体老师为我创造了良好的生活和学习环境。

感谢我的工作单位天津体育学院的领导和同事们在我求学期间给予的工作上的照顾与支持。

感谢接受访谈的专家学者和提供支持的从业人员，他们的指教为论文撰写提供了极大帮助。

感谢师妹郭瑞华、刘芳，师兄孙忠利、庞善东和张凤彪，师弟陈力全、郝海亭在学业和生活上的帮助和支持。

感谢2012级的兄弟姐妹们陪我度过美好的时光。

感谢在百忙之中评审论文和参加答辩的各位专家学者，他们的意见让我对论文的不足有了更加深刻的认识，更加明确今后的努力方向。

感谢我的家人，他们总是在我最需要帮助的时候默默支持我，在我求学路上给予我最大的包容与理解。

感谢每一位给予我关心和帮助的人！

感谢北京体育大学！

参考文献

[1] 尹世杰.消费经济学[M].北京：高等教育出版社，2007.

[2] 张林，黄海燕.上海体育产业发展报告（2014—2015）[M].北京：社会科学出版社，2015.

[3] LAMB L K, ASTURIAS L P, ROBERTS K, et al. Sports participation—how much does it cost?[J].Leisure Studies，1992：11，19-29.

[4] GOUGUET, J J. Observatoire é conomique du sport [J].Economic observatory of sport. Limousin：Centre de Droit et d' Economie du Sport，1998.

[5] OHL F. Pratiques é conomiques，pratiques sociales. Etude de la gen è se sociale ducout financier des sports[R]. Unpublished doctoral dissertation，Universit é des SciencesHumaines，Economic practice，social practice. Study of the social origin of the financial cost of sports，1991.

[6] TAKS M, RENSON R, VANREUSEL B. Social stratification in sport: a matter of money or taste? [J].European Journal for Sport Management，1995，2（1）：4-14.

[7] OGA J.Business fluctuation and the sport industry in Japan: An analysis of the sport industry from 1986 to 1993[J]. Journal of Sport Management，1998，12：63-75.

[8] DESBORDES M, OHL F, TRIBOU G. Marketing du sport [R].Paris：Economica，1999.

[9] ANDREFF W, NYS. Economie du sport [J].Economics of sport. Paris：PUF，2001.

[10] CABINET OFFICE. Game plan: A strategy for delivering government's sport and

physical activity objectives[M]. London: Government Printing Office，2002.

[11] TAKS M, RENSON R, VANREUSEL B. Consumer expenses in sport: a marketing tool for sports[J]. European Journal for Sport Management，1999，6（1）：4–18.

[12] GABLE A, OHL F. Sport culture and material culture: The example of student's Consumption[C]. Paper presented at the 10th EASM Congress， Jyvaskyla，Finland，2002.

[13] CHRISTOPH BREUER, KIRSTIN HALLMANN, PAMELA WICKER, etc. Socio–economic patterns of sport demand and ageing[M]. European Review of Aging and Physical Activity，2010，7（2）：61–70.

[14] MATSUDA Y. The basic policies of sport industry in Japan from the viewpoint of sport marketing[J]. Sport Science Review，1990，13：35–44.

[15] PEDROSA R.El impacto econ ó mico del deporte en Castilla y Le ó n [R]. Economic impact of sport in Castile and Leon Valladolid: Government of Castilla and Le ó n，2000.

[16] VILLALBA F. Deportey econom í a: una cuantificaci ó n de la demanda deportiva en Andaluc í a [C].Sport and economy：a quantification of sport demand in Andalusia Sevilla: Fundaci ó n Unicaja，2002.

[17] FEMANDO LER LERA LOPEZ, MANUEL RAPUN GARATE.The Demand for Sport：Sport Consunption and ParticiPation Models[J]. Journal of SportManagement，2007，21，103–122.

[18] NANA KWAME ANOKYE, SUBHASH POKHREL， MARTIN BUXTON, elt. The demand forsports and exercise：results from an illustrative survey[J].The European Journal of Health Economics，2012，13（3）：277–287.

[19] CRISTINA MUNIZ, PLACIDO RODRIGUEZ, MARIA J. SUAREZ. The Allocation of Time to Sports and Cultural Activities: An Analysis of Individual Decisions[J]. International Journal of Sport Finance，2011，6（3）：245–264.

[20] GRATTON C, TAYLOR P. Economics of sport and recreation[M]. London: Spon

Press，2000.

[21] JANA E.RUSESKI, BRAD R.Humphreys, Kirstin Hallmann, etc.Family structure， time constraints， and sport participation[J].European Review of Aging and Physical Activity，2011，8（2）：57–66.

[22] PAWLOWSKI, TIM, BREUER, elt. The Demand for Sports and Recreational Services: Empirical Evidence from Germany[J].European Sport Management Quarterly，2011（2）：11（1）：5–34.

[23] ERIK THIBAUT, STEVEN VOS, JEROEN SCHEERDER. Hurdles for sportsconsumption? Thedetermining factors of household sports expenditures[J].Sport Management Review，2013，（12）：11–23.

[24] SANDRINE POUPAUX, CHRISTONPH BREUER. Does higher sport supply lead to higher sport demand?A city level analysis[J].Oxford Review of Economic Policy，2009（19）.

[25] 张林.我国城市居民体育健身消费现状及对策研究[D].成都：四川大学，2004.

[26] 黄梅，兰兰.健身俱乐部会员体育健身需求的动态分析[J].成都体育学院学报，2008，34（8）：27，54.

[27] 毛伟民.潍坊商业性体育健身场所女性消费状况调查[J].体育文化导刊，2008（5）：26–38.

[28] 张强峰，彭森，邹勇.幼儿园女教师体育健身意识与体育消费特征分析[J].学前教育研究，2014（7）：60–63.

[29] 刘申申.廊坊市健身俱乐部消费群体结构与需求现状分析[D].石家庄：河北师范大学，2010.

[30] 韦广忠，阳艺武，麦强.城市社区健身娱乐服务项目需求特征研究[J].武汉体育学院学报，2005，39（4）：43–46.

[31] 张宇飞.我国城市大众乒乓球健身消费研究[J].体育文化导刊，2012（2）：97–99.

[32] 范东芳.河南省健身俱乐部女性会员的自我概念对其俱乐部消费的影响[D].开封：河南大学，2008.

[33] 陈长江.消费社会学的视角下对商业健身俱乐部消费者研究[J].广州体育学院学报，2015，35（1）：79–82，90.

[34] 伍钰.成都市健身俱乐部市场消费者行为调查研究[D].北京：北京体育大学，2005.

[35] 裴晶晶.长春市健身俱乐部女性会员体育消费行为特征的研究[D].长春：吉林大学，2008.

[36] 杨斌，唐吉平.湖南城市职业女性健身消费与其他身体消费比较研究[J].中国体育科技，2012，48（3）：129–135，140.

[37] 陈金鳌，陆彩凤，张鑫.健身消费行为的影响因素与对策[J].体育文化导刊，2011（11）：83–85.

[38] 黄谦，谢蒙.体育消费的消费者满意度研究——基于中国体育健身消费市场的实证研究[J].西安体育学院学报，2010，27（3）：270–273.

[39] 陈建杰，李晓光，黄今.我国中部城市职业女性健身消费结构及其影响因素分析[J].北京体育大学学报，2006，29（12）：1623–1624，1627.

[40] 蔡军，苏明理，许西薇，等.体育健身休闲娱乐业供求现状的调查研究——西安市九区四县体育健身休闲娱乐业供求状况调查[J].中国体育科技，2006，42（6）：42–46.

[41] 王丽丽，樊兵.影响南昌市室内健身人群消费决策的因素与对策[J].企业经济，2014（12）：98–101.

[42] 刘远花.湖南省城市居民体育健身娱乐消费的现状研究[D].长沙：湖南师范大学，2005.

[43] 黄卓，程其炼，蔡学俊，等.用时序截面数据分析城镇居民年龄差异对“全民健身”部分消费支出结构的影响[J].北京体育大学学报，2004，27（4）：450–451，454.

[44] 李伟平，权德庆，蔡军，等.西安市城镇居民体育消费结构及其特征研究——基于数据挖掘的视角[J].体育科学，2013（9）：22–28.

[45] 赵新成. 武汉城区网球健身消费与经营性场所现状及对策研究[D].武汉：华中师范大学，2011.

[46] 王新利.北京健身俱乐部消费者对俱乐部服务满意度及需求的研究[J].成

都体育学院学报，2011，37（8）：26-28，59.
[47] 范清惠，安娣.北京市商业瑜伽馆会员健身行为研究[J].首都体育学院学报，2010（6）：29-32，51.
[48] 吴晓红，王野.健身消费者消费行为影响因素的研究—来自南京市商业性健身俱乐部消费者的调查[J].山东体育学院学报，2007（4）：44-46.
[49] 吴毅.对广东省城市居民足球健身娱乐消费行为的研究[J].广州体育学院学报，2009（1）：25-29.
[50] 王奇峰，余亚祺，刘永峰.广州市天河区居民不同人口学因素与其健身消费力关系研究[J]. 广州体育学院学报，2012（4）：23-27.
[51] 冯卫，冯健，陈晓彬，等.广州市天河区居民健身消费力影响因素调查与分析[J].体育学刊，2012（4）：54-59.
[52] 徐洪想，谭冬平.影响广州市城市居民网球健身消费发展的因素分析[J].广州体育学院学报，2007（6）：54-57.
[53] 周进国.商业健身俱乐部消费者所属社会阶层与体育消费关系研究——以广州地区力美健健身俱乐部为例[J].首都体育学院学报，2009（2）:185-188.
[54] 赵胜国，邰崇禧，汪康乐，等.太湖区域苏州城镇中产阶层体育健身消费特征研究[J].北京体育大学学报，2009（8）：34-37.
[55] 邰崇禧，赵胜国，刘昌亚.富裕城镇中产阶层体育健身需求调查研究——以太湖区苏州城镇为例[J].广州体育学院学报，2009（6）：16-20.
[56] 吴媛媛.北京市海淀区中年女性体育健身消费研究[D].北京：首都体育学院，2009.
[57] 王思勉.北京市不同职业女性体育消费行为与健身对策研究[D].北京：北京体育大学，2012.
[58] 陈灏.上海居民体育消费结构特征及变动趋势[D].上海：上海师范大学，2012.
[59] 叶心明，朱晓东，王跃，等.上海市居民体育消费结构的扩展性模型分析[J].体育学刊，2009（3）：41-44.

[60] 王乔君，童莹娟.长三角城市居民体育消费结构研究[J].体育科学，2013（10）：52-62.

[61] 伊志宏.消费经济学[M].北京：中国人民大学出版社，2004：206，228-229.

[62] 田晖.消费经济学[M].上海：同济大学出版社，2013.

[63] 赵萌，黄悦勤.网络使用自评量表的初步分析[M].中国心理卫生杂志，2009，23（1）：63-67.

[64] 郭庆松.家庭生命周期与家庭消费行为[J].消费经济，1996（2）：27-29.

[65] 许春晓，田媛，姜漫，等.家庭生命周期与旅游态度的关联研究——以长沙市居民为例[J].旅游学刊，2012，27（9）：65-72.

[66] 魏农建，等.中国城市体育消费构成实证——基于产业市场开发的研究[M].上海：上海财经大学出版社，2010.

[67] 伊志宏.消费经济学（2版）[M].北京：中国人民大学出版社，2012：219.

[68] 孙汉超，欧阳柳青，唐宏贵，等.我国居民体育消费行为研究[J].武汉体育学院学报，2001， 35（1）：4-8.

[69] 王智慧，赵海波，刘书元.奥运经济对北京市体育健身娱乐市场影响的研究[J].北京体育大学学报，2007（9）：1185-1186，1200.

[70] 李墨.我国公益性社会体育指导员技能和指导技能研究——以北京市区为例[D].首都体育学院，2010.

[71] 陈惠雄. 生命成本:关于消费函数理论的一个新假说[J].中国工业经济，2005（8）：5-13.

[72] J ROBINSON. How Americans Use Time[A].in: L A. Socio-Psychological Analysis of Everyday Behavior[M]. New York: Prageger， 1977.

[73] S PARKER. Leisure：The Basis of Culture[M].New York: Pantheon Pooks Inc， 1976.

[74] M ARGYE .The Social Psychology of Work[M]. Penguin Book， 1972.

[75] 陈善平，李树茁.体育锻炼行为坚持机制——理论探索、测量工具和实证研究[M].西安：西安交通大学出版社，2007：69.

[76] 李子奈，潘文卿.计量经济学[M].北京：高等教育出版社，2009：84.
[77] C.莱特·米尔斯.白领——美国的中产阶级[M].周晓红，译.南京：南京大学出版社，2006.
[78] 刘毅.中产阶层消费结构变迁及特征——基于珠江三角洲城镇住户调查的分析[J].经济学家，2008（3）：86-91.
[79] 李春玲.当代中国社会的消费分层[J].湖南社会科学，2005（2）：73-76.
[80] 刘毅.中产阶层的界定方法及实证测度 ——以珠江三角洲为例[J].开放时代，2006（4）：76-88，64.
[81] 臧旭恒.转型时期消费需求升级与产业发展研究[M].北京：经济科学出版社，2012.
[82] 宋贵伦，冯虹.社会建设蓝皮书：2015年北京社会建设分析报告[M].北京：社会科学文献出版社，2015.

附 录

附录一 “发达城市居民体育健身消费结构”调查问卷

尊敬的受访者：

您好！我是一名博士研究生，为撰写博士论文设计了此问卷，目的是了解您体育健身消费的情况。恳请您抽出宝贵时间帮助我完成论文，由衷感谢您的帮助与支持。

此问卷需要占用您大约10分钟时间，您的填答对我完成博士论文非常重要，请一定按您的实际情况作答，以使我获得真实的数据。我将根据《中华人民共和国统计法》的规定，对您的填答予以保密，结果仅用于完成博士论文。

再次感谢您的帮助与支持，祝您健康、愉快!

1. 您的居住地______市区。

2. 性别______。

   A 男　　　　B 女

3. 年龄______岁。

4. 学历（单选）________。

   A 初中及以下　　　　B 高中/技校/中专

   C 大学/大专/高职　　　　D 研究生及以上

5. 职业：（单选）________。

   A 国家公务员/事业单位工作人员　B 公司管理者　C 公司职员

   D 学生　E 个体（私企）业主　F 离退休人员

G 其他（请注明）

6. 您的婚姻状况（单选）______。

A 未婚　　B 夫妻二人　　C 离异或丧偶

7. 您子女的成长阶段（单选）________。

A 无子女

B 最小孩子婴幼儿或幼儿园

C 最小孩子读小学

D 最小孩子读中学

E 最小孩子读大学（包括研究生）

F 最小孩子已工作，但与父母生活在一起

G 最小孩子已工作，并已独立生活

8. 您家庭成员每月人均可支配收入（指工资、奖金、补贴等所有税后收入之和/家庭人口数）大约是（单选）______。

A 2000元以下　　B 2001 ~ 3000元　　C 3001 ~ 4000元

D 4001 ~ 5000元　　E 5001 ~ 6000元　　F 6001 ~ 7000元

G 7001元以上

9. 您平均每天闲暇时间（指除了工作、学习、家务劳动、睡觉、吃饭以外的可供个人自由支配的时间大约为______小时。（填写具体数字）

10. 您每年用于体育健身方面的总支出大约是_____元（包括购买运动服装鞋帽，各类健身器材，健身报纸杂志，运动食品饮料，健身场所门票、场地租金，私人教练、健身培训班，健身活动与比赛报名费等之和）（单选）。

A 0元　　B 200元以下　　C 201 ~ 500元　　D 501 ~ 1000元

E 1001 ~ 2000元　　F 2001 ~ 3000元　　G 3001 ~ 4000元　　H 4001 ~ 5000元

I 5001 ~ 6000元　　J 6001 ~ 7000元　　K 7001 ~ 8000元　　L 8001元以上

11. 您每年体育健身总支出中，用于运动服装鞋帽的支出大约是（单选）______。

A 200元以下　　B 201 ~ 400元　　C 401 ~ 600元　　D 601 ~ 800元

E 801 ~ 1000元　　F 1001 ~ 1500元　　G 1501 ~ 2000元

H 2001～2500元　I 2501～3000元　J 3001～3500元

K 3501～4000元　L 4001元以上

12. 您每年体育健身总支出中，用于各类健身器材的支出大约是（单选）______。

A 0元　B 200元以下　C 201～500元　D 501～1000元

E 1001～1500元　F 1501～2000元　G 2001～2500元　H 2501～3000元

I 3001元以上

13. 您每年体育健身总支出中，用于健身报刊、书籍的支出大约是（单选）______。

A 0元　B 50元以下　C 51～100元　D 101～200元

E 201～300元　F 301～400元　G 401～500元　H 501元以上

14. 您每年体育健身总支出中，用于健身运动食品、饮料的支出大约是（单选）______。

A 0元　B 200元以下　C 201～400元　D 401～600元

E 601～800元　F 801～1000元　G 1001元以上

15. 您每年体育健身总支出中，用于健身场所门票（如健身俱乐部次卡、年卡、场地租金等）的支出大约是（单选）______。

A 0元　B 200元以下　C 201～500元

D 501～1000元　E 1001～1500元　F 1501～2000元

G 2001～2500元　H 2501～3000元

I 3001～3500元　J 3501元以上

16. 您每年体育健身总支出中，用于健身培训指导（如私人教练、陪练、健身培训班）的支出大约是（单选）______。

A 0元　B 500元以下　C 501～1000元　D 1001～1500元

E 1501～2000元　F 2001～2500元　G 2501～3000元　H 3001元以上

17. 您每年体育健身总支出中，用于各类健身活动与比赛报名费（如马拉松、徒步、骑行、拓展、登山等）的支出大约是（单选）______。

A 0元　B 200元以下　C 201～500元　D 501～1000元

E 1001～1500元　F 1501～2000元　G 2001～2500元　H 2501元以上

18. 在您未来1年的体育健身支出中，打算增加哪些方面的支出（可多选）______。

A 运动服装鞋帽

B 健身报刊、书籍

C 健身器材（如各种球类、跳绳、哑铃、跑步机、越野自行车、组合健身器等）

D 健身场所门票（如健身俱乐部次卡、月卡、季卡、半年卡、年卡、场地租金等）

E 健身培训指导（如私人教练、陪练、健身培训班）

F 各类健身活动与比赛报名费（如健身跑、徒步、骑行、拓展、登山等）

G 各类健身运动食品、饮料

19. 在您未来1年的体育健身消费支出中，您打算选择下列什么价位的体育健身产品或服务？（请在相应□上打√）

消费内容	高端价位	中等价位	低端价位	不打算购买
A运动服装鞋帽	□	□	□	□
B健身器材	□	□	□	□
C健身食品、饮料	□	□	□	□
D健身报刊、书籍	□	□	□	□
E健身场所	□	□	□	□
F健身培训与指导	□	□	□	□
G健身活动与比赛	□	□	□	□

20. “运动能力是指您掌握的科学健身知识和运动技能”，您认为自己的运动能力（单选）______。

A 非常好　B 比较好　C 不确定　D 比较弱　E 非常弱

21. 您平时的健身场所是（单选）______。

A 免费场所　B 象征性收费的场所　C 中等价位的商业健身场所

D 高端健身俱乐部或健身会所　　E 不健身

22. 您是否参加体育健身活动？（单选）______。

A 是（请填写23题）　　　B 否（调查结束，谢谢您的支持）

23. 通常情况下，您每周参加体育健身的次数是____次，每次健身时间大约____小时（填写具体数字）。

调查结束，再次感谢您的帮助与支持！

附录二　专家访谈提纲

尊敬的专家：

您好！我是北京体育大学2012级博士研究生，本人毕业论文题目是《我国发达城市体育健身消费结构研究——以京津沪三城市为例》。为使本研究的论据客观真实，论证充分合理，对我国发达城市体育健身市场的未来发展提出更有价值的建议，需占用您的宝贵时间进行访谈，衷心希望得到您的支持与帮助。

谢谢！

1. 您认为，近年来发达城市如北京市、天津市、上海市居民的体育健身消费在消费总量、消费结构、消费需求层次、消费项目等方面有什么特点？有何变化？

2. 您认为，发达城市中等收入群体的体育健身消费在消费总量、消费结构、消费需求层次、消费项目等方面有什么特点？

3. 您认为，影响发达城市体育健身消费水平与消费结构的因素有哪些？

4. 从居民消费支出内容的角度，将居民体育健身消费结构划分为：①健身服装鞋帽；②健身器材；③健身报刊、光盘等出版物；④健身运动食品饮料；⑤健身场所门票及场地租金；⑥健身技能指导与培训费（私教、陪练、各种健身班）；⑦健身活动与比赛报名费等7大类，您认为是否合理？若不合理，您认为怎样划分更合适？

5. 您认为，目前发达城市体育健身供给方面主要存在哪些问题？造成这些问题的原因是什么？

6. 您认为，发达城市体育健身市场供给与健身消费需求之间是否存在矛盾？若存在矛盾，主要有哪些矛盾？原因有哪些？

7. 为更好满足居民体育健身消费需求，您认为发达城市体育健身供给应做哪些方面的改进？

8. 您认为，政府在促进发达城市体育健身消费、健身市场供给方面的作用表现在哪些方面？就目前的情况来看，政府应着力做哪些方面的工作？